Alexander Heil · Der Paradiesgarten

Alexander Heil

Der Paradiesgarten

Essbare Stauden selbst angepflanzt
Eine Übersicht von A bis Z

ökobuch
Staufen bei Freiburg
www.oekobuch.de

Alle Angaben in diesem Buch wurden nach bestem Wissen und Gewissen zusammengestellt. Für die praktische Umsetzung lassen sich daraus jedoch keine Haftungsansprüche gegenüber dem Autor oder dem Verlag ableiten.

Die Deutsche Bibliothek – CIP-Einheitsaufnahme
Ein Titeldatensatz für diese Publikation ist bei Der Deutschen Bibliothek erhältlich.

ISBN 3-922964-90-7

1. Auflage 2003
2. verbesserte Auflage 2004

email: oekobuch@t-online.de
http://www.oekobuch.de/

Reproduktionen: usw., Uwe Stohrer, Freiburg
Druck: Druckhaus Beltz, Hemsbach

Cover-Photos:
links oben: Fa. Syringa, Hilzingen-Binningen
rechts oben und unten: Alexander Heil
links unten: Hof Berg-Garten, Herrischried

Inhaltsverzeichnis

PARADISI IN SOLE
Paradisus Terrestris.
or
A Garden of all sorts of pleasant flowers which our English ayre will permitt to be noursed vp:
with
A Kitchen garden of all manner of herbes, rootes, & fruites, for meate or sause vsed with vs,
and
An Orchard of all sorte of fruitbearing Trees and shrubbes fit for our Land
together
With the right orderinge planting & preseruing of them and their vses & vertues
Collected by John Parkinson Apothecary of London
1629
Qui veut parangonner l'artifice a Nature,
Et nos parcs a l'Eden, indiscret il mesure.
Le pas de l'elephant par le pas du ciron,
Et de l'Aigle le vol pareil du mouscheron.

Gärten wie im Paradies: schön und essbar

Seit ewigen Zeiten steht die mystische Vorstellung eines vergangenen, gegenwärtigen und zukünftigen Paradieses in Zusammenhang mit einem unerreichbar entrückten Garten, der jegliche menschliche Bedürfnisse deckt. Die ersten Beschreibungen solcher Paradiese gehen weit zurück. Für uns am bekanntesten ist der Garten Eden aus der christlichen und jüdischen Bibel. Er versinnbildlicht einen Garten voller nahrungsspendender und schön anzusehender Pflanzen. Aber auch im Koran, der heiligen Schrift des Islams, wird ein paradiesischer Garten in der gleichen Weise beschrieben (LOXTON 1994: 109).

Doch auch wenn in allen religiösen Schriften das Paradies eher als ein Sinnbild für einen transzendentalen "Ort" des Bewusstseins verstanden wird, haben seit den Anfängen der Gartenkunst Menschen versucht, solche Paradiesbeschreibungen auf Erden umzusetzen.

Seit einigen Jahren nun gibt es die *Permakultur*, ein neues Konzept, Land zu bewirtschaften, das auch bei uns zunehmend Anhänger findet und das vielleicht einen neuen Weg auf der Suche nach dem verlorenen Paradies öffnet. Permakultur, entstanden aus dem englischen Begriff *permanent agriculture* bedeutet so viel wie dauerhafte Landwirtschaft. Gemeint ist damit eine Landbewirtschaftungsweise, in der mehrjährige Nutzpflanzengemeinschaften einen Schwerpunkt bilden. Mit den Prinzipien der Permakultur ist es möglich, einen Gemüsegarten zu schaffen, der sich im Frühjahr ganz eigenständig entfaltet, ohne Umgraben, Hacken und Ausäen. Ein Gemüsegarten, in dem nicht einfach Gemüsebeete aneinander gereiht sind, sondern der wie eine bunte Blumenrabatte oder vielleicht sogar wie ein Stück Wald angelegt ist. Dieser Ansatz eines neuen Umgangs mit Natur bezieht sich auf landwirtschaftliche Systeme ebenso wie auf Gärten – private und öffentliche, also z.B. auch auf Schul- und Kindergärten. Durch das Anwenden der Permakultur-Prinzipien können nachhaltige Gärten entstehen, in denen die heute praktizierte Trennung zwischen Ästhetik, Nutzen und Ökologie aufgehoben ist.

Im pädagogischen Bereich stellen solche *Essbaren Gärten* eine Alternative zu konventionellen Gärten von Schulen und Kindergärten dar. Statt das Augenmerk darauf zu richten, dass dort keine giftigen Pflanzen enthalten sind, schafft das Ziel, nur essbare Pflanzen zu verwenden, eine direkte Konfrontation mit natürlichen Nahrungsmitteln, was dazu beiträgt, dass auf einfache Weise ein besseres Mensch-Natur-Verhältnis aufgebaut werden kann. Bedingt durch Unterbrechungen wie Ferien oder dem Wechsel der verantwortlichen Lehrer ist die fehlende kontinuierliche Pflege von Gemüsegärten in Schulen oft ein Problem. Gemüsegärten mit essbaren Stauden lassen sich aber so anlegen, dass eine sporadische, also eher extensive Pflege ausreichend ist!

In diesem Buch werden ausführlich mehr als 140 essbare Stauden und selbstaussäende Pflanzen für die Gestaltung mehrjährigen Pflanzungen vorgestellt. Sie bilden die Grundlage für einen Garten der Ruhe und nicht der Arbeit, einen Garten für den kulinarischen Faulenzer, der zu jeder Jahreszeit eine Vielfalt an frischer Nahrung bietet.

Gibt es denn aber überhaupt genügend essbare Stauden, um eine umfassende Gartengestaltung mit ihnen verwirklichen zu können? Am Anfang hatte ich selbst Zweifel, die aber im Laufe meiner Recherche durch das stetige Entdecken essbarer Zierpflanzen rasch verflogen. Auch der neue Reichtum an alten, vergessenen, mehrjährigen Gemüsearten eröffnete eine neue Pflanzenwelt. Letztendlich beweist der Inhalt dieses Buches, dass das Spektrum an essbaren Stauden ausreichend groß ist, um eine vielfältige Gartengestaltung zu gewährleisten. Überdies ist es immer möglich, das Spektrum der essbaren Stauden durch weitere Nutzpflanzen zu erweitern, wie z.B. durch einjährige Nutzpflanzen, durch Kräuter, Obststräucher und –bäume. So kann eine Symbiose von Ästhektik und Nutzen entstehen, die auch über die Verwendung hinaus in Hausgärten neue Möglichkeiten bieten. Aber auch für den, der nicht das Ziel hat, seinen Garten komplett neu zu gestalten, kann dieses Buch hilfreich sein: Anhand der Pflanzenbeschreibungen ist es mit Sicherheit spannend, im schon vorhandenen Garten auf Entdeckungsreise zu gehen und sich vielleicht überraschen zu lassen, was alles essbar ist und zudem auch noch lecker schmeckt!

Viel Spaß dabei wünscht Ihnen
Alexander Heil

Mein Dank gilt

- *Burkhard Kayser* für den Zündungsfunken zur Idee mit den Essbaren Stauden und für seine ausgiebige fachliche Unterstützung,
- meiner Gärtnerkollegin *Irmelin Rauschhuber* für ihr großes Pflanzenwissen, mit dem sie mir sehr geholfen hat,
- *Timmo* für die Hilfe am Computer.
- den Freunden, die mich mit anregenden Diskussionen und Korrekturen unterstützten: *Claudia, Dagmar, Jule, Katja, Susanne, Thomas und Tobi.*
- *Dr. Heide Hoffmann* von der HU Berlin und *Dr. Norbert Kühn* von der TU Berlin für ihren fachlichen Rat,
- *allen anderen*, die sich mit mir über dieses Thema auseinandergesetzt und mir mit Informationsmaterial weitergeholfen haben,
- sowie den *Gärtnereien*, die mir Bildmaterial zur Verfügung gestellt haben, und natürlich last but not least
- *Thomas Berz* für seine wunderbaren Bilder, die den Hauptteil der Fotos darstellen.

Über die Einführung und Kultivierung von Nutzpflanzen

Auf dem Planeten Erde sind derzeit weit über 400.000 Pflanzenarten bekannt, Farne, Pilze, Flechten und Algen eingerechnet. Davon werden etwa 20.000 Arten für Nahrung, Genußmittel, Heilmittel und technische Zwecke verwendet (Franke 1999: 24f). Ausschließlich als Nahrungspflanzen werden in einem nennenswerten Umfang ungefähr 150 Pflanzenarten kultiviert. Davon tragen letztendlich 20 Pflanzenarten zu 90 Prozent der Weltnahrungsversorgung bei und noch eingeschränkter wird es, wenn man die drei Grasarten Mais, Reis und Weizen betrachtet: Diese decken 50% des Kalorienbedarfs der Menschheit (Hart 1994: 51)! Eine überaus großzügige Vielfalt an Pflanzen ist uns gegeben, doch nutzen wir nur einen geringen Teil! Es stellt sich die Frage, woher die Pflanzen kommen, die unser Nahrungsangebot bestimmen, und ob und nach welchen Kriterien die Auswahl gerade dieser Pflanzen geschah. Unsere heutigen Gärten und Äcker enthalten eine Vielzahl von Pflanzen, die von verschiedenen Kontinenten aus aller Welt stammen. Diese Pflanzen sind in Zier- und Nutzpflanzen unterteilt, wobei das Wissen um die Pflanze oft in ihrem Ursprungsland zurückblieb oder im Laufe der Geschichte verloren ging. Ein anschauliches Beispiel ist die Tomate, die in unseren Breiten nicht als Staude gehalten wird, sich aber im Mittelmeerklima durchaus mehrjährig und selbstaussäend hält. Sie ist eine Frucht, die jeder kennt und fast jeder mag. Viele können sich eine Küche ohne sie schwerlich vorstellen. Die Tomate *Lycopersicon esculentum* stammt aus Peru/Ecuador. Vor der "Entdeckung" Amerikas soll es dort schon über 200 Tomatensorten in etlichen Farben und Formen gegeben haben (Bohl 2000: 1). Im 16. Jahrhundert wurde sie nach Europa eingeführt. Sie bekam ihren Platz in botanischen Gärten und war als Besonderheit in Blumensträußen zu finden. Die Tomate als Nachtschattengewächs galt als giftig, obwohl sie in ihrem Ursprungsland als Nahrungsmittel genutzt wurde. Erst in den letzten Jahrzehnten des 19. Jahrhunderts schaffte sie den Sprung von der Zierpflanze zur Gemüsepflanze (Ebel 1990: 38).

Zusammen mit der Tomate wurden viele andere Pflanzen (Kartoffel, Aubergine, Paprika, Mais, Kürbis) aus Südamerika eingeführt, die, je weiter sie sich etablierten, viele alte Gemüsearten, insbesondere Wurzelgemüse (z.B. Zuckerwurz *Sium sisarum*) verdrängten.

Schon lange wurden die genannten Gemüse in den Anden kultiviert. Die in Nordamerika vorkommenden Wildgemüsearten hingegen wurden kaum züchterisch bearbeitet, lediglich von den verschiedenen Indianerstämmen gezielt beerntet. Einige dieser Pflanzen sind als potentielle Feldfrüchte in Europa eingeführt worden. Die wohl bekannteste dieser Pflanzen ist Topinambur *Helianthus tuberosum*; sie wurde im 16. Jahrhundert als Zierpflanze eingeführt, verbreitete sich dann als Gemüsepflanze vorzugsweise in Gärten oder auch in Frankreich im Feldanbau. In der Mitte des 18. Jahrhunderts wurde sie dann langsam von der Kartoffel verdrängt (Franke 1976: 109f). Andere Pflanzen, wie etwa die "Breadroot" *Psoralea esculenta*, schafften den Sprung nach Europa nicht, obwohl sie in ihrer nordamerikanischen Heimat eine wichtige Nahrungsquelle für die indigene Bevölkerung und die europäischen Siedler darstellten. Diese Art von Pflanzen, wie die genannte *Psoralea esculenta,* gerieten in Vergessenheit, auch wenn sie durchaus einen hohen Nährwert und guten Geschmack besaßen und für das mitteleuropäische Klima geeignet waren (Saunders 1948: 7f). Dagegen konnten Pflanzen mit den gleichen Vorraussetzungen, die jedoch zusätzlich einen hohen Zierwert besitzen, sich in Europa als Zierpflanzen etablieren. Ein gängiges Beispiel hierfür ist die Präriekerze *Camassia quamash*. Diese Pflanze war bei den nordamerikanischen Prärieindianern ein wichtiges Grundnahrungsmittel (Fern 2000: 96f). In Europa wird sie wegen ihrer schönen, blauen Blütentrauben im Frühjahr einzig als Zierpflanze genutzt. Nur ihr alter botanischer Namen *Camassia esculenta* (esculentus bedeutet nach Zander = essbar) weist auf die Essbarkeit der Pflanze hin (Zander 1984: 155).

Eine andere Quelle an neuen Pflanzen entstand mit der Entwicklung regelmäßiger Handelsbeziehungen zwischen Europa und China ab dem 15. Jahrhundert. Es wurden auch Nutzpflanzen aus den gemäßigten Zonen Asiens nach Europa eingeführt, wie etwa die Rispenhirse *Panicum milaceum* (Phillips & Rix 1994: 10). Die Rispenhirse hatte in China bereits eine lange Geschichte als Kulturpflanze und erhielt in Europa eine wichtige Rolle als Nahrungsmittel. Mit dem Beginn des 20. Jahrhunderts nahm ihre Bedeutung jedoch wieder ab (Arche Noah 2001: 38).

Viele andere Pflanzen aus den gemäßigten Zonen Asiens wurden in den letzten Jahrhunderten als Zierpflanzen in Europa eingeführt, wie etwa Taglilien *Hemerocallis spezies* und Funkien *Hosta spezies*. Diese Pflanzen errangen einen hohen Stellenwert in der Staudenverwendung und wurden in Bezug auf ihren Zierwert ausgiebig züchterisch bearbeitet. In ihren Ursprungsländern spielen sie jedoch eine ganz andere Rolle: Als Bestandteil der traditionellen Küche werden diese Pflanzen dort als Gemüse angebaut (Lestrieux & Belder 2000).
Eine Vielzahl der heutigen kultivierten Gemüse brachten die Römer aus dem Mittelmeerraum mit, wie etwa Spargel *Asparagus officinalis*, Artischocke *Cynara scolymus* und verschiedene Kohlarten *Brassica oleraceae spez.*. Die Römer wiederum führten die verschiedenen Gemüse aus dem Mittleren Osten, aus Ägypten und Zentralasien ein.

Die neue Vielfalt an Gemüse, die sich in Europa verbreitete, verdrängte viele alte Wildgemüsearten, die bis zum Ende des Mittelalters den Nahrungsbedarf deckten. Dazu gehörten Wurzelgemüse wie die Wilde Möhre *Daucus carota*, das Gänsefingerkraut *Potentilla anserina* (Phillips 1983: 155) und die schon genannte Zuckerwurz. Samenpflanzen, die für die Brotherstellung verwendet wurden, waren z.B. der Wegerich *Plantago major* und der Ackermeier *Spergula arvensis*. Als Spinat nutzte man Pflanzen wie Knöterich *Polygonum spez.* und den Guten Heinrich *Chenopodium bonus henricus*. Doch sind die aufgeführten Pflanzen nur einige Beispiele für die vielfältigen Nahrungsgewohnheiten der Menschen in dieser Zeit. Es ist in der Literatur nicht klar erkenntlich, ob diese Wildgemüsearten früher nur in geringem Maße züchterisch bearbeitet wurden bzw. ob sie in der Antike stärker züchterisch bearbeitet wurden - und die heute noch erhaltenen Pflanzen wieder verwildert sind (Koller 2001: 18).

Insgesamt lässt sich feststellen, daß heimische und ausländische wilde Nahrungspflanzen in der Regel kaum züchterisch weiterentwickelt wurden, auch wenn sie vorteilhaft aus gemäßigten Klimazonen stammten. Bei den Zierstauden sind dagegen in erster Linie Pflanzen aus gemäßigten Klimazonen verschiedener Erdteile zu finden (Phillips & Rix 1994: 7). Doch die Nahrungspflanzen, die heute hauptsächlich in Europa angebaut werden, stammen in der Regel aus anderen Klimazonen und sind meist Nutzpflanzen, die zuvor schon in anderen Kulturen züchterisch bearbeitet wurden, wie z.B. Mais (Azteken), Tomate und Kartoffel (Inkas) und Zwiebeln (Ägypter) (Phillips & Rix 1992: 9f).

Ab dem 18. Jahrhundert wurden in Mitteleuropa diese neu eingeführten Gemüsearten in erhöhtem Maße züchterisch weiterentwickelt. Es entstanden neue Sorten mit einer Vielfalt an Formen, Farben, Geschmacksrichtungen und Standortansprüchen. Um zu dem Beispiel der Tomate zurückzukommen: Allein das Private Samenarchiv Bohl (siehe Bezugsquellen) umfasst über 700 Tomaten-Sorten (Bohl 2000). Es läßt sich nicht ermitteln, wie viele Sorten tatsächlich gezüchtet sind. Auch bei den anderen Gemüsen und Feldfrüchten entstand ein großes Spektrum an vitalen Sorten mit oft sehr speziellen Eigenschaften, die den klimatischen Bedingungen bestimmter Regionen angepaßt waren. In der Mitte des 20. Jahrhunderts brachten neue Hybridsorten (Hybride = Bastard; aus Kreuzungen hervorgegangen) eine merkliche Ertragssteigerung bei Nutzpflanzen. Doch benötigen diese wegen ihrer Konkurrenzschwäche erhebliche Mengen an Pestiziden, Herbiziden, chemischen Düngemitteln und Hormonen (Ven 2001: 1), wodurch externe Kosten entstehen (wie z.B. Grundwasserverschmutzung), die nicht in die Preisrechnung der Nutzpflanzenhersteller eingehen. Das heißt, die zusätzlichen Kosten durch Grundwasserverschmutzung, erhöhtes Krankheitsrisiko etc. werden von der Gesellschaft getragen und nicht vom Verursacher.

Durch die Einführung dieser ertragsreicheren Hybridsorten und der Vereinheitlichung der Agrarprodukte sind von 1945 bis heute etwa 90 Prozent der alten Gemüsesorten verschwunden - ein Kulturgut, welches unwiderruflich verlorengegangen ist.

Dieser Trend ist für einen Markt der weltweiten Einheitlichkeit fortschreitend. Nahrungspflanzen haben den einzelnen Vorstellungen zu entsprechen und müssen jeder Zeit mit den stets gleichen Eigenschaften global lieferbar sind. Durch gentechnische Methoden wird die Optimierung mancher Sorten noch gezielter verfolgt (Ven 2001). Am Beispiel der Tomate wird das bedeuten, daß es bald nur noch ein paar Sorten gibt, die wochenlang haltbar sind, in großen Abständen geerntet und weltweit vertrieben werden können. Der Nachteil liegt im Verlust an Nährstoffgehalt (Vitamine, Mineralien), an Geschmack und an Vielfalt. Hinzu kommt, daß diese neuen Hybridsorten und gentechnisch veränderten Sorten nicht mehr vom Gärtner selbst vermehrt werden können (Bohl 2000).
In den letzten Jahren sind Bewegungen entstanden, die sich für den Erhalt der Nutzpflanzenvielfalt einsetzen und altes Saatgut koordinierend vertreiben, wie etwa in Deutschland der *Verein zur Erhaltung der Nutzpflanzenvielfalt (VEN)*, in Österreich *Arche Noah* und in der Schweiz *Pro Specie Rara* (siehe Bezugsquellen). Auch viele Biobauern und alternative Saatguthersteller wie z.B. *Dreschflegel* (siehe Bezugsquellen) besinnen sich auf alte Kulturpflanzen. Und so sind in der wachsenden Zahl der Bioläden ebenfalls zunehmend alte Gemüsesorten und Feldfruchtarten zu finden.

In der heutigen Landwirtschaft, durch die ja wesentlich unsere Landschaft gestaltet ist, wird nur ein sehr geringer Teil des großen Potentials an Nutzpflanzen kultiviert. Der konventionellen und der biologischen Landwirtschaft ist das Arbeitsprinzip zu eigen, das Land den bevorzugten Pflanzen anzupassen. Das heißt, es werden nicht die Pflanzen verwendet, die dem gegebenen Standort von Natur aus angepasst sind. Wer unsere Agrarlandschaft unter ökologischen Aspekten betrachtet, dem wird sofort klar, dass es sich um ortsfremde Ökosysteme handelt, die mit viel Aufwand künstlich erhalten werden. Ein Weizenfeld, z.B. in Brandenburg, ist eine künstlich geschaffene Steppenlandschaft mit einer Steppenpflanze. Ohne menschliches Zutun existierte an diesem Standort aller Wahrscheinlichkeit nach ein Buchenwald, oder zumindest eine der verschiedenen Sukzessionsstadien, die sich in Richtung dieses Waldes entwickeln würde.

Die heutige Art des Landbaus ist gegen die Dynamik der Natur gerichtet, sie verbraucht mehr Ressourcen als sie an Nahrungsmitteln wieder herausholt und trägt zu einer Desertifikation (Verödung) der Böden bei, wie es in vielen Teilen der Welt in bedrohlicher Art und Weise bereits der Fall ist.
Eine der Reaktionen auf diese selbst verursachten Problematiken besteht darin, die bevorzugte Pflanze in einer noch massiveren Weise, nämlich durch Genmanipulation, dem Standort anzupassen.

In der Arbeitsweise der Permakultur werden dagegen, wie schon oben erwähnt, die passenden Nutzpflanzen für einen gegebenen Standort gesucht. Beispiel: Ein sumpfiges Gebiet würde also nicht trockengelegt werden, sondern dort können nutzbare Sumpfpflanzen angebaut werden (die es durchaus gibt, wie die Pflanzenliste im Buch zeigt). Durch eine solche Herangehensweise könnten Agrarökosysteme entstehen, die produktiver als bestehende Systeme sind, weil die Dynamik der Natur genutzt wird. Ein neues, vielfältigeres Landschaftsbild, ein wenig einer Waldlandschaft ähnlich, wäre überdies die Folge.
Zur Realisierung einer solchen nachhaltigen Landwirtschaft fehlen allerdings noch viele Schritte, denn das Wissen über diese neuen Agrarsysteme steht in Mitteleuropa noch am Anfang, doch ist zu hoffen, dass dieses Buch einen kleinen Beitrag dazu leisten wird.

Gartengestaltung mit essbaren Stauden

Zur Permakultur

Permakultur ist ein Konzept für ein harmonisches Miteinander von Mensch und Natur. Zum Konzept gehören ethische Grundsätze, Planungskriterien und Empfehlungen für die Praxis.
Die ethischen Grundsätze der Permakultur betonen die Verantwortung jedes Einzelnen für seine Mitmenschen und die Natur. Als Planungskonzept zeigt die Permakultur, wie diese Ethik in vielen menschlichen Lebensbereichen wie in der Landwirtschaft und in Gärten, aber auch in der Architektur, in Kindergärten und in Betrieben umgesetzt werden kann, um gesunde und energieeffiziente Lebensräume und Arbeitsplätze zu schaffen.
Im vorliegenden Buch werden Tipps für die praktische Umsetzung in Bezug auf die Nutzstauden im Garten gegeben.
Der Begriff Permakultur ist von den englischen Wörtern *perma*nent agri*culture* abgeleitet und bedeutet dauerhafte Landwirtschaft. Als Methode der Landnutzung arbeitet sie mit dauerhafter Bodenbedeckung, mehrjährigen Kulturen und Nutzgehölzen, um dauerhafte Ökosysteme zu schaffen.
Als nachhaltiger Kulturentwurf hat sich die Permakultur weit über die Landwirtschaft hinaus entwickelt. Eine dauerhafte Kultur bezieht neben den ökologischen auch sinnliche, zwischenmenschliche und ökonomische Aspekte mit ein. So werden in einem nach Permakulturprinzipien gestalteten Garten nicht nur ästhetische und kulinarische Gesichtspunkte berücksichtigt, sondern auch die Beziehung zu den Nachbarn, Sicht- und Windschutz, Wasserkreisläufe, Anbautechniken, Arbeitszeitbedarf etc..

In Mitteleuropa steckt die Permakultur noch in den Kinderschuhen. Es verbreiteten sich in den letzten Jahren einzelne Elemente der Permakultur in der Landwirtschaft sowie in der Gartengestaltung, wie z.B. die Kräuterspirale. Auch sind einige Projekte und Anlagen nach den Kriterien der Permakultur entstanden, doch fehlt es noch an einem langjährigen Erfahrungsschatz. Letztendlich gilt es herauszufinden, welche neuen Möglichkeiten die Anwendung der Permakulturprinzipien für unseren Kulturbereich bringen kann. (Kayser 1997:4)

Praktische Beispiele der Permakultur

Die folgenden Beispiele beziehen sich auf Gestaltungselemente der Permakultur. Es sind einfache Beispiele, die sich für eine Gartengestaltung nutzen lassen. Tiere sind nicht einbezogen, dies würde zwar helfen, die Prinzipien der Permakultur noch klarer darzustellen, doch paßt die Tierhaltung nicht in den hier gewählten Kontext.

Die Kräuterspirale

Ein sehr bekanntes Beispiel aus der Permakultur ist die **Kräuterspirale** (Abb. 1 und 2). Die Kräuterspirale wird als eine Art Stufenturm aus Natursteinen, Schutt und Erde in der Form eines Schneckenhauses etwa 2 m breit und 1 m hoch aufgebaut. Am südlichen Fuß der Spirale befindet sich ein kleines Wasserbecken, das am besten von einem Regenwasserzulauf gespeist wird. Die Spiralform ermöglicht, dass eine Vielzahl von Mikroklimaten auf kleinem Raum entstehen können und somit sämtliche gängige Kräuter mit unterschiedlichen Standortansprüchen an einem Platz gedeihen und angebaut werden können. Die Kräuterspirale wird am besten in direkter Nähe zur Küche gebaut, da die Kräuter täglich in der Küche gebraucht werden (dagegen kann ein Obstgarten, der nur wenige Male im Jahr aufgesucht wird, durchaus weiter vom Haus entfernt liegen).

Durch das Gefälle im Stufenturm und durch eine unterschiedliche Beschaffenheit des Füllbodens entsteht von

- durchlässigem, magerem, trockenem und sonnigem Standort in der Spitze
- über halbschattigem, humosem und trockenem Bereich in der Mitte
- bis zum humusreichen, sonnigen und feuchten Standort am Fuß der Spirale für jede Pflanze ein optimaler Platz.

Die Steine, mit der die Spirale geformt wird, und das Wasser im Teich dienen als Speicherraum der Sonnenwärme, der Teich zudem noch als Reflektionsfläche für die Sonnenstrahlen. Neben ihrem ästhetischen Reiz bietet die Kräuterspirale zusätzlich ein Biotop für verschiedene Tiere. (Ahmann & Greube 1991: 4f).

Nebenbei: Das Schneckenhaus, das als Vorbild der Kräuterspirale gilt, ist ein äußerst komplexes Symbol und wird schon seit Urzeiten verwendet. Die Spirale findet sich in etlichen Variationen des Tier- und Pflanzenreiches, in der Doppelmatrix der Erbinformationen und der DNS und als Symbolik der metaphysischen Ebene wieder.

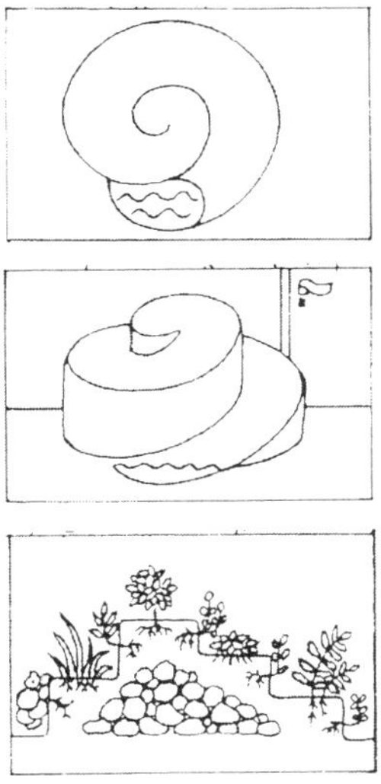

Abb. 1: Kräuterspirale (Mollison 1994: 82)

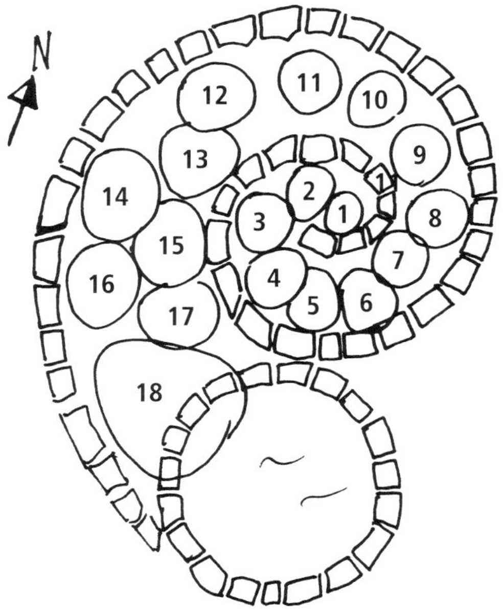

Abb. 2. Kräuterspriale

1 Rosmarin 2 Lavendel 3 Thymian; 4 Oregano 5 Basilikum 6 Salbei 7 Ysop 8 Bergbohnenkraut 9 Kamille 10 Portulak 11 Pimpinelle 12 Zitronenmelisse 13 Petersilie 14 Schnittlauch 15 Kerbel 16 Ringelblume 17 Minze 18 Brunnenkresse

Die Blütenspirale

Nach dem Prinzip der Kräuterspirale kann auch eine **Blütenspirale** (Abb. 3) mit unterschiedlichen essbaren Stauden gebaut werden. Sie befindet sich natürlich auch am besten direkt in der Nähe der Küche und bietet durch das Jahr hindurch köstliche Blüten zum Genießen und zur Dekoration von Speisen.

Gestaltung eines Permakultur-Gartens

Es gibt eine Gemeinsamkeit bei Permakulturgärten: der Boden ist stets bedeckt, entweder mit Pflanzen oder mit Mulch (Strohhäcksel, Laub etc.), ähnlich wie in der Natur, wo es gewöhnlich keinen nackten Boden gibt. Die Vegetation und abgestorbenen Pflanzenteile stellen eine Schutzschicht oder eine Art Haut für den Boden dar. Nach dem Vorbild von natürlichen Ökosystemen besteht ein weiteres Permakulturprinzip darin, Kreisläufe weitestgehend zu schließen, d.h. idealerweise möglichst alle Nahrungsmittel im Garten zu produzieren und alle Abfälle wiederum als Quelle für neue Produktionen zu nutzen.

Ein Permakulturgarten kann die gleichen Elemente wie ein herkömmlichen Garten beinhalten, also z.B. einen Teich, einen Sitzplatz, ein Hügelbeet, verschiedene Stauden, Obststräucher und –bäume (Abb. 4). Anders als üblich - nämlich die verschiedenen Elemente entweder nach rein ästhetischen Gesichtspunkten oder einfach in Reihe und Glied anzuordnen - wird im Permakulturgarten aber versucht, die positiven Wechselwirkungen zwischen den einzelnen

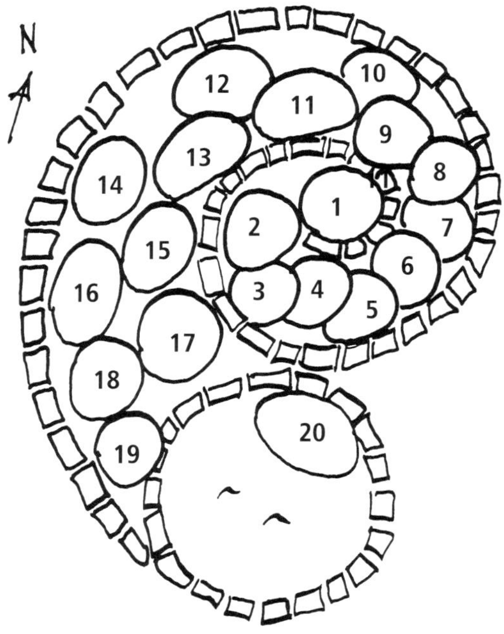

Abb. 3: Blütenspirale

1 Palmlilie 2 Junkerlilie 3 Dalmatiner Glockenblume 4 Schwefelnelke 5 Wildtulpe 6 Ballonblume 7 Chinesischer Schnittlauch 8 Königskerze 9 Wegwarte 10 Duftveilchen 11 Funkie 12 Primel 13 Moschusmalve 14 Margerite 15 Indianernessel 16 Ringelblume 17 Taglilie 18 Flammenblume 19 Wiesenschaumkraut 20 Bachbunge

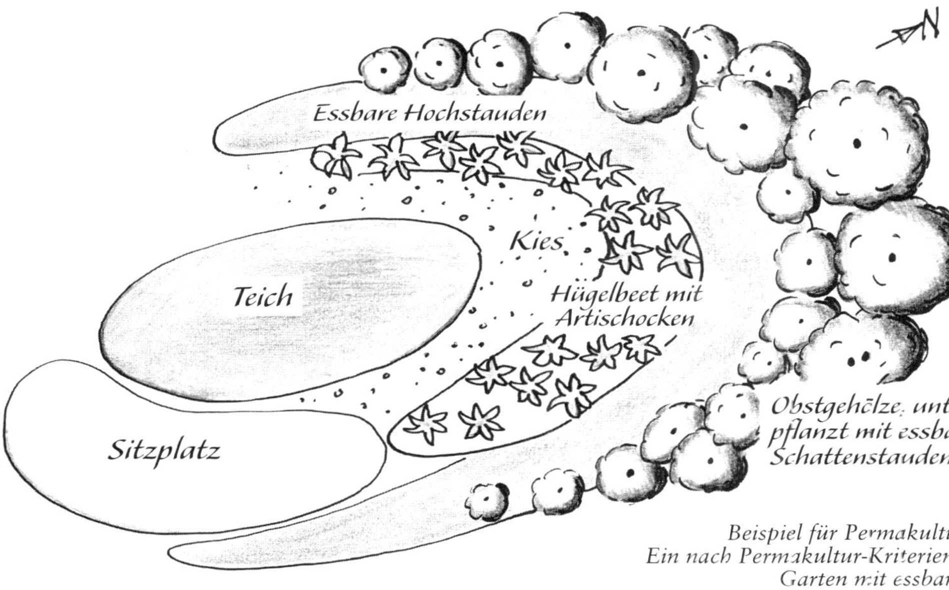

Abb. 4
Beispiel für Permakultur-Planung: Ein nach Permakultur-Kriterien angelegter Garten mit essbaren Stauden

Elementen zu fördern. Das hört sich komplizierter an als es ist, und wahrscheinlich hat der eine oder andere Gartenfreund dieses Prinzip schon angewendet, ohne es Permakultur zu nennen.

Begrenzender Faktor in unseren Breiten ist meist ein Mangel an Sonnenlicht und Wärme, dafür gibt es oftmals reichlich viel Wind. Also werden als erster Schritt zu einem Garten nach den Prinzipien der Permakultur die Bäume und Sträucher so angeordnet, daß sie eine **Sonnenfalle** (Abb. 5) bilden.

Bei der Sonnenfalle handelt es sich um eine größere Schutzpflanzung aus Bäumen und Sträuchern für eine zu schützende angrenzende Fläche, die meist landwirtschaftlich oder gärtnerisch genutzt wird. Diese Fläche befindet sich in der Regel südlich der Schutzpflanzung. Damit soll erreicht werden, daß die Fläche:

- vor Wind, und somit vor erhöhter Austrocknung geschützt wird,
- die Sonneneinstrahlung bestmöglichst ausgenutzt und zusätzlich reflektiert wird,
- somit die Wärme erhöht und gehalten wird und dadurch ein Mikroklima entsteht.

Die Anpflanzungen aus Bäumen und Sträuchern sind halbmondförmig angelegt. Um den geringstmöglichen Schattenwurf zu erhalten, werden die höchsten Bäume und Sträucher im Norden des Halbmondes angelegt. Wie Abb. 5 zeigt, wird die Pflanzung zum Westen und Osten hin zunehmend niedriger. Das entstehende Mikroklima innerhalb dieses Halbmondkreises hat im Vergleich zur umliegenden Umgebung eine höhere Temperatur. Dieser Bereich ist einem südexponierten Waldrand ähnlich, an dem oftmals eine erhöhte Artenvielfalt zu finden ist (Mollison 1994: 72f).

Die Anpflanzung sollte vielschichtig sein, also aus Bäumen, Sträuchern und Kräutern verschiedener Höhen bestehen, um so wenig Wind und so viel Sonnenstrahlen wie möglich einzufangen.

In dieser nun windgeschützten Gartenecke ist dann südlich der Sonnenfalle der beste Platz für einen Gartenteich. Denn er erhöht das Mikroklima in diesem Gartenbereich zusätzlich, da er die Sonnenstrahlen reflektiert. Dazu ermöglicht er, in seiner Nähe frostempfindlichere Pflanzen, wie z.B. Artischocken anzubauen, da das Wasser tagsüber Wärme aufnimmt und in der Nacht wieder an seine Umgebung abgibt. In

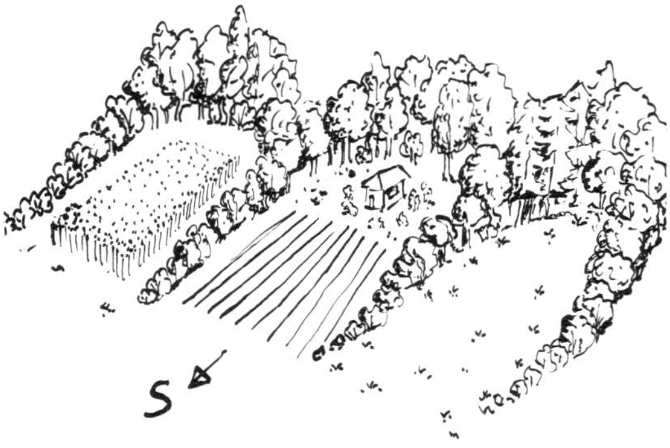

Abb. 5 :
Einfache Sonnenfallen-Strukturen für Haus und Felder nach Mollison.

und um den Teich herum können viele verschiedene essbare Stauden angepflanzt werden, wie etwa Wiesenknöterich und Pfeilkraut.
Die Anlage eines Gartensitzplatzes wird, wenn möglich, direkt neben dem Teich vorgesehen, um ihn zusätzlich mit Wasser versorgen zu können. Dazu wird der Boden, z.B. aus Natursteinplatten, mit etwas Gefälle in Richtung Teich verlegt, so dass ihm das überschüssige Niederschlagswasser zufließt. Der beste Standort für den Sitzplatz ist westlich des Teiches und zwar so, dass die Wasserfläche gut im Blickfeld ist und der Abendhimmel über den Teich hinweg betrachtet werden kann.
Ein **Hügelbeet (Abb. 6)** ist der eigentliche Mittelpunkt dieser mikroklimatisch begünstigten Ecke. Es bietet die Möglichkeit, wärmeliebende Pflanzen anzubauen, die trocken stehen müssen, wie z.B. Artischocken. ROBERT HART (1994: 38) beschreibt den Aufbau eines Hügelbeetes so: „Man hebt einen etwa 30 cm tiefen Graben aus, in den kleine Zweige, Hecken- und Baumschnitt so aufgehäuft werden, dass ein fester und dabei poröser Kern entsteht, durch den Luft, Wasser und Sonnenwärme frei zirkulieren können. Dieser Kern wird mit umgekehrten Grassoden bedeckt, darauf kommt eine Schicht Kompost und dann Erde. Der platzsparende Effekt ist offensichtlich: sowohl oben als auf den Seiten können Pflanzen wachsen. Allerdings fallen die Hügelbeete mit der Zeit zusammen und müssen erneuert werden."

Wenn in Hügelbeete vermehrt kompostierbare Materialien und Grassoden eingearbeitet werden, hat dies den Vorteil einer zusätzlichen Wärmeentwicklung durch den Verrottungsvorgang und einer noch besseren Nährstoffversorgung. Allerdings ist darauf zu achten, daß das Sickerwasser vom Hügelbeet nicht in den Gartenteich gelangt, was durch den hohen Nährstoffgehalt eine erhöhte Algenentwicklung hervorrufen würde.

Der anfallende Aushub des Teiches läßt sich gut für die Modellierung des Geländes und des Hügelbeetes verwenden. Die Höhe des Hügelbeetes ist frei wählbar, das Verhältnis von Breite zu Höhe sollte allerdings 1:3 (z.B. 50 cm Höhe zu 150 cm Breite) nicht überschreiten, da sonst das Beet in erhöhtem Maße ausgewaschen wird und absackt. Beim Aushub des Teiches empfiehlt es sich, die verschiedenen Bodenschichten separat voneinander zu lagern, um sie in der richtigen Reihenfolge wieder bei der Modellierung aufzuschichten.
Der Bereich zwischen Hügelbeet und Sonnenfalle bietet sich an, um essbare Hochstauden zu pflanzen wie *Adenophora liliifolia* (Schellenblume), *Asparagus officinalis* (Grüner Spargel), *Hemerocallis fulva* (Taglilie), *Malva moschata* (Moschusmalve), *Rheum rhabarbarum* (Rhabarber) und *Symphytum officinale* (Beinwell). Die Pflanzen können in diesem Mikroklima prächtig gedeihen, bieten als Gemüsebeet nicht

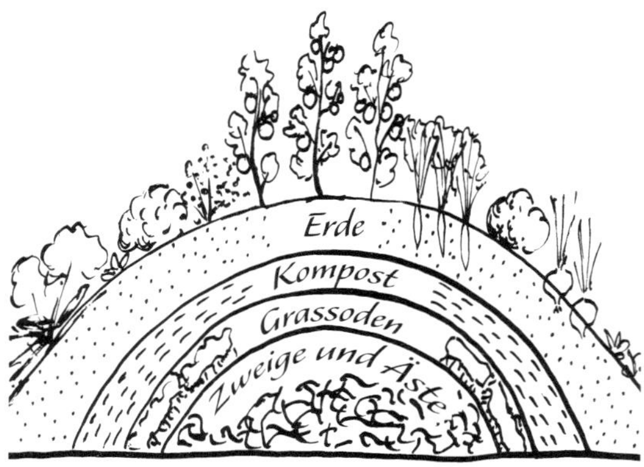

Abb. 6: Hügelbeet

nur das gesamte Jahr über gesunde Nahrung, sondern auch einen schönen Hintergrund für einen erholsamen Blick vom Sitzplatz ....

Ein essbarer Waldgarten

Um es vorweg zu nehmen: Um einen **Waldgarten** (Abb. 7) anzulegen, wird nicht ein großes Stück Land benötigt, sondern ein Hausgarten in den hier üblichen Maßen ist ausreichend. Der Waldgarten entspricht einem nach Prinzipien einer Waldlandschaft gestalteten Hausgarten und ist voll mit essbaren Früchten, Nüssen, Kräutern, Gemüse und Pflanzen, die nach funktionalen Gesichtspunkten angeordnet wurden. „Das Schlüsselprinzip des Waldgarten-Konzeptes heißt Artenvielfalt. Diese Vielfalt muss jedoch geplant und strukturiert sein nach den Gesetzen und Prinzipien der Pflanzgemeinschaften; alle Pflanzen müssen sich miteinander vertragen." (Robert Hart. 1994:13)
Wie ein natürlicher Wald besteht der Waldgarten aus drei Vegetationsschichten: Baumschicht, Strauchschicht und Krautschicht. Im Waldgarten ist diese Schichtung nicht immer klar erkennbar, zumal er durch die eigentliche vierte Schicht, die Vertikale, die durch Kletterpflanzen bestimmt wird, ineinander verwächst. Im Unterschied zu einer natürlichen Waldlandschaft liefern die Pflanzen in solch einem Garten Nahrungsmittel, denn die Baumschicht besteht aus Obst- und Nussbäumen, die Strauchschicht aus Beeren- und Nusssträuchern und die Krautschicht aus mehrjährigen und selbstaussäenden Gemüsearten sowie Kräutern.
Anders als üblicherweise sind die Pflanzen im Waldgarten also nicht in verschiedene Bereiche wie Obstgarten, Gemüsegarten, Kräutergarten etc. unterteilt, sondern in einer natürlichen Anordnung zusammengestellt, wie es z.B. von Landschaftsgärten bekannt ist. Dies bedeutet auch, daß Bäume in ausreichend Abstand zueinander stehen, damit die niedrigeren Vegetationsschichten genügend Licht erhalten. Die Bäume können zudem als Windschutz dienen, um mit ihrer Hilfe die erwünschten Kleinklimate zu schaffen. In einem kleinen Garten kann die Baumschicht aber durchaus aus nur einem einzigen Baum oder auch nur aus hohen Sträuchern bestehen.
Die Sträucher werden ebenfalls in lockeren Ansammlungen gepflanzt, gewöhnlich nicht direkt unter den Bäumen, da die meisten Beerensträucher im vollen Schatten keinen großen Fruchtansatz haben. Die Stauden und selbstaussäenden Pflanzen füllen die übrigen sonnigen, bis mehr oder minder schattigen Freiflächen. Auch bei den Stauden sollten immer mehrere Exemplare einer Art nach dem Vorbild natürlicher Pflanzengemeinschaften angeordnet werden.

Abb. 7: Kleiner Waldgarten

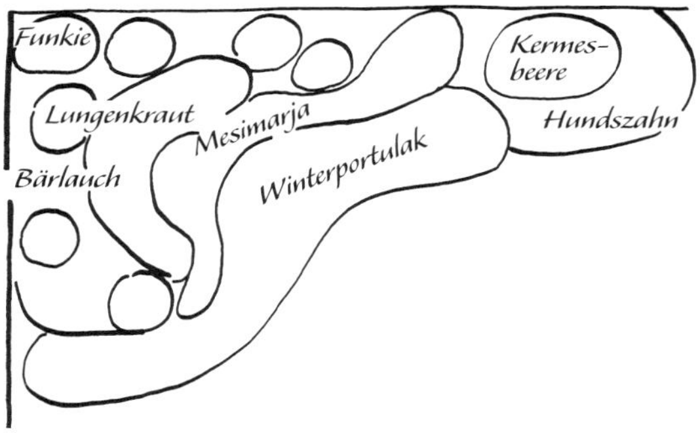

Abb. 8:
Bepflanzungsvorschlag für eine schattige Gartenecke

Der Permakultur-Pionier ROBERT HART beschreibt seinen kleinen Obstgarten mit Apfel- und Birnbäumen in England, den er zu einem Waldgarten umgestaltete und der mittlerweile über 70 Sorten von Obst- und Nußbäumen, Sträuchern, Kräutern und mehrjährigen Gemüsen enthält:
„Mein Waldgarten ist die Imitation eines natürlichen Waldes im Kleinen. Er ist so angelegt, dass Raum und Arbeitseinsatz optimal genutzt werden. Wie ein natürlicher Wald hat er sieben Stockwerke. Die ursprünglichen Apfel- und Birnbäume bilden die Kronschicht, und die anderen Pflanzen nehmen die darunter liegenden Ebenen ein. Auf diese Weise ist der Waldgarten auch in der vertikalen Dimension gut strukturiert. Heute, wo er seit vielen Jahren besteht, kann ich versichern, dass er ein Minimum an Pflege benötigt. Die Pflanzen – die meisten sind mehrjährig – ‚kümmern sich um sich selbst' und sind sehr gesund. Die Hauptarbeit besteht im Zurückschneiden von Pflanzen, die andere zu überwuchern versuchen. Die breite Vielfalt von Arten garantiert im Unterschied zu Monokulturen, dass ein kleinerer Schädlingsbefall oder Krankheiten sich nie zur Epidemie ausweiten. Die große Anzahl von Duftpflanzen schafft eine wohlriechende Atmosphäre und trägt nach meiner Überzeugung zur Widerstandskraft der anderen Pflanzen bei. In der Wachstumsperiode gibt es jeden Tag Salat, Kräuter und Gemüse aus dem Garten und so trägt er, von den ersten Kräutern und Wildem Knoblauch im März bis zu den Spätäpfeln im November beträchtlich zu unserer Lebensmittelversorgung bei". (ROBERT HART. 1994: 12)

Die gärtnerische Arbeit in einem Waldgarten beschränkt sich weitgehend auf das regulierende Eingreifen wie auf den Rückschnitt von Pflanzen, die andere Pflanzen verdrängen oder zu sehr beschatten, und auf das Mulchen der Böden, um den Boden zu schützen und langsam wachsenden Pflanzen gegenüber ihrer Umwelt einen Vorsprung zu geben. Eine Bodenbearbeitung findet in einem Waldgarten so gut wie nicht statt, damit sich ein ungestörtes, gesundes Bodenleben entwickeln kann. Dazu ist der Mulch wie in einem natürlichen Wald ein wichtiger Bestandteil (WHITEFIELD 1999: 73ff). Ansonsten stellt das Ernten die Hauptarbeit dar, was wiederum von der Vielfalt und Weitläufigkeit des Waldgartens abhängig ist.
Abb. 8 zeigt, wie eine schattige Ecke, die in fast jedem Garten zu finden ist, nach Prinzipien einer Waldlandschaft bepflanzt werden kann.

Essbare Stauden von A bis Z

Die nachfolgenden Pflanzenbeschreibungen führen durch das Reich der vergessenen und unbekannten Nahrungspflanzen. Bei allen Pflanzen handelt es sich um ausdauernde oder selbstaussäende Arten, die dadurch für mehrjährige Pflanzengemeinschaften geignet sind.
In der Regel werden nur für mitteleuropäische Verhältnisse frostharte Pflanzen aufgeführt, doch werden auch einige bedingt frostharte Arten vorgestellt, was jedoch ausführlich erwähnt wird.
Es werden sowohl einheimische und ausländische Wildpflanzen, als auch Kulturpflanzen und Zierpflanzen beschrieben. Es wird nicht zwischen diesen Pflanzeneinteilungen differenziert, da im Vordergrund die Verwertung der Pflanze als Nahrungsmittel steht.

Haftungsausschluß: Über die Unbedenklichkeit der in dieser Literaturrecherche angegebenen Hinweise kann keine Gewähr übernommen werden. Die Richtigkeit der Aussagen zur Verzehrbarkeit der aufgeführten Pflanzen ist individuell immer erst durch den Genuß kleiner Mengen zu testen. Die allgemeine Verträglichkeit ist nicht in allen Fällen bei einer großen Personengruppe überprüft und gewährleistet.

Die Beschreibungen der Pflanzen orientieren sich, soweit nicht anders angegeben, an Hansen & Stahl (siehe Literatur). Fehlende Angaben, wie z.B. über die Blütezeit einer bestimmten Pflanze, sind auf lückenhafte Angaben in den benutzten Quellen zurückzuführen. An dieser Stelle ist zu erwähnen, daß es sehr schwierig ist, für Pflanzen, die als Zierpflanzen gehandelt werden, Informationen über deren Nutzaspekt zu finden. Gleichermaßen sind die Angaben in der Literatur über Pflanzen, die als Nutzpflanzen bekannt sind in Bezug auf ihren Zierwert und die natürlichen Standortansprüche sehr mangelhaft.

Um das Arbeiten mit den Pflanzen zu erleichtern, wird dem Standort der jeweilige Lebensbereich nach Hansen & Stahl zugeordnet. Nachfolgend werden die verschiedenen Lebensbereiche kurz beschrieben:

Gehölz umschließt den Lebensbereich Einzelbaum und Strauch, kleine und große Gehölzgruppen, feld- und waldartiges Parkgehölz und schließlich auch „Wald". Charakterisiert ist dieser Lebensbereich durch einen humusreichen Boden, wobei zu unterscheiden ist zwischen Mull, Moder und Rohhumus sowie einer stärkeren Sonneneinstrahlung im Winter und einer schwächeren Sonneneinstrahlung im Sommer. Ganzjährig herrscht in eingewachsenen Pflanzungen ein hoher Wurzeldruck von Sträuchern und Bäumen.

Gehölzrand ist der angrenzende Lebensbereich, der ökologisch gesehen zu den Ökotonen gehört. Es sind Übergangsbereiche zwischen verschiedenen Biotopen mit einer erhöhten Artenvielfalt. Gehölzränder besitzen immer noch den Wurzeldruck der benachbarten Gehölze, allerdings haben sie freien Zugang zum Licht. Wieviel Sonne sie bekommen, hängt von der Exposition und der Größe der angrenzenden Gehölze ab. Grundsätzlich sind zwei Situationen zu unterscheiden, der sonnenexponierte sowie der sonnenabgewandte Standort.

Freifläche ist der Lebensbereich, der alle offenen, baum- und strauchfreien Flächen beinhaltet, die voll der Sonne und Wind ausgesetzt sind. Der Boden ist unbearbeitet und mit wiesen- oder rasenartigen Vegetationstypen bedeckt. Hier spielt die Feuchtigkeit des Bodens eine besondere Rolle: sie differenziert die Vegetation, die von Feuchtwiesen bis Steppenrasen reicht.

Wasserrand und **sumpfige Bereiche** beschreiben Gebiete, die an Wasserflächen angrenzen. Sie sind entweder vom Wasserbecken isoliert (mit einem normal-feuchten Boden) oder im Wasser (mit einem nassen, teilweise sogar mit Wasser bedecktem Boden).

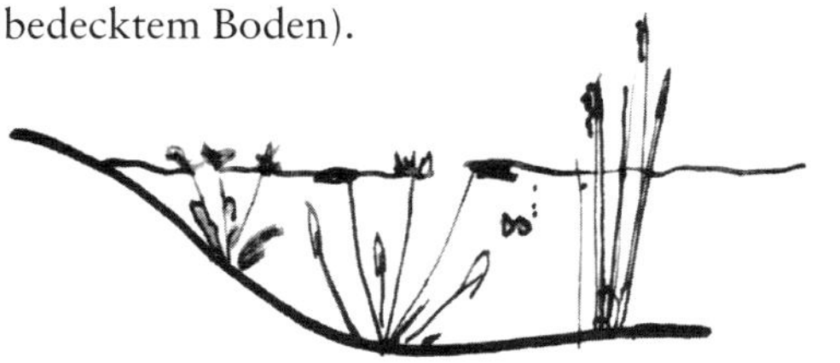

Wasser steht für den Lebensbereich, der den Flachwasser- und den Tiefwasserbereich beschreibt. Hier wird zwischen Stillgewässer und Fließgewässer unterschieden (Hansen & Stahl 1981).

Steinanlagen ist der Lebensbereich mit vielen sichtbaren Steinen, Schotter oder Kies, welche die Erscheinung eines Fels-, Schotter- oder Gebirgsstandortes imitieren. Meist für konkurrenzschwache Pflanzenspezialitäten mit besonderen Bedingungen. In der Regel sommertrokkene Standorte mit einem gut durchlässigen Boden und gegebenfalls mit Drainage. Bei diesem Standort ist in erster Linie nach der Intensität der Sonneneinstrahlung und dem Grad der Bodenfeuchte zu unterscheiden.

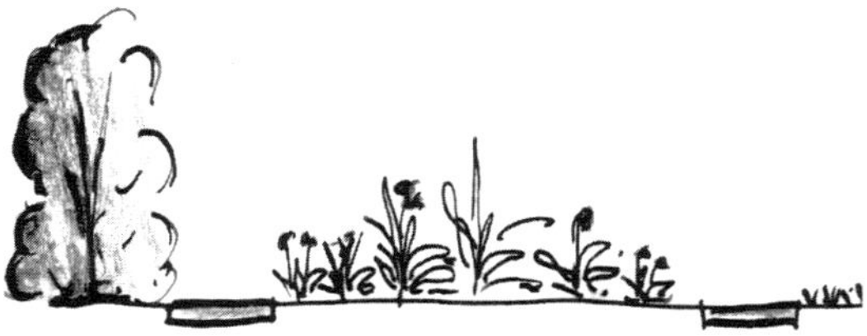

Beet ist ein Lebensbereich, für den es keine ökologischen Vorbilder gibt. Es handelt sich um offene Pflanzflächen, in denen Pflanzungen mit hohen Pflegeaufwand betreut werden. Bei den Böden handelt es sich in der Regel um tiefgründige, nährstoffreiche Hortisole (über lange Zeit bearbeitete Gartenböden) mit einer guten Wasserversorgung. Die wesentlichen Differenzierungen sind bei den Lichtverhältnissen zu treffen. Es ist anzunehmen, daß dieser Lebensbereich auch mit einer reduzierten gärtnerischen Arbeit (insbesondere Bodenbearbeitung) zu schaffen ist, etwa durch Anwendung von Mulch und einer gut abgestimmten Fruchtfolge, wie es Masanobu Fukuoka, japanischer Bauer und Philosoph in seinen vielen Büchern über natürlichen Landbau beschreibt. Doch trifft dies eher auf den Agrarbereich zu, und im Falle der Gartengestaltung wären es keine Fruchtfolgen, sondern sich ergänzende Pflanzenkombinationen.

Essbare Blüten

Bei den folgenden Pflanzen steht deren essbare Blüte im Mittelpunkt. Das heißt, dass es sich hier in der Regel um Pflanzen mit schönen Blüten handelt, die in erster Linie zur Verzierung von Speisen verwendet werden können. Darüber hinaus werden aber auch Pflanzen aufgeführt, die vielfältiger nutzbar sind und einen hohen Nährwert haben. Übrigens: Gekaufte Pflanzen aus konventionellem Anbau können mit Pestiziden behandelt sein und sind dann für den Verzehr nicht geeignet.

Mehrjährige Pflanzen

Alcea rosea, Stockrose *Malvaceae*

Beschreibung: Horstig aufrecht, etwa 200 cm hoch, rauhhaarige Blätter und lange Ähren mit einer Vielzahl von Blüten in den Farben Rot, Rosa, Lila und Gelb.
Standort: Beet. Sonniger Platz mit einem nährstoffreichen, gelegentlich auch austrocknenden Boden.
Ernte: Die Blüten von Juli bis September, bei milder Witterung auch bis in den November.
Verwendung in der Küche: Kein ausgeprägter Geschmack, doch sehr dekorativ für Salate (LESTRIEUX & BELDER 2000: 166). Die Blütenblätter sind kräftig, haben eine recht knackige Konsistenz und behalten lange ein frisches Aussehen. Die jungen, grünen Früchte (Samen) sind ebenfalls essbar, sie haben einen nussigen Geschmack.
Anbau: Nach der Blüte zurückschneiden, sonst wird sie nur zweijährig. Versamt sich.
Zierwert: Typische Bauerngartenpflanze.
Herkunft: Sibirien.
Besonderheiten: *Alcea rosea var. nigra* wurde im Deutschland der 20er Jahre feldmäßig noch in großen Mengen zur Gewinnung eines roten Lebensmittelfarbstoffes angebaut (KÖRBER-GROHNE 1994: 429). Die getrockneten Blütenblätter sind oft Bestandteil in Teemischungen gegen Husten und Bronchitis (PAHLOW 1993: 308).
Bezug: Stauden- u. Kräutergärtnereien.

Alcea rosea var. nigra
Stockrose
(Farbabb. S. 49)

Alcea rosea

Allium spezies, Zierlauch *Liliaceae*

Beschreibung: Vielseitige Zwiebelgewächse mit sommer-, winter- und immergrünen Arten.
Standort: Steinanlage und Freifläche. Sonnige Plätze mit einem nahrhaften, durchlässigen und feuchten Boden.
Ernte: Die Blüte von April - Juli, die Blätter die ganze Vegetationszeit hindurch. Auch die Zwiebeln sind essbar, z.B. von A. *ursinum*

Allium fistulosum, Winterheckenzwiebel (Farbabb. S. 49)

Althaea officinals, Eibisch (Farbabb. S. 49)

(siehe S. 37, Kap. essbare Blätter und Triebe) und *A. cepa var. pr.* (siehe S. 88, Kap. Wurzeln, Knollen und Zwiebeln).

Verwendung in der Küche: Die Blüten sind vielseitig zu verwenden, z.B. für Salate, Sandwiches, Omelettes, sowie zum Fritieren, jedoch sind sie in der Regel recht klein.

Anbau: Vermehrung über Aussaat, Brutzwiebeln oder Teilung. Verträgt sich nicht mit Petersilie.

Zierwert: Vielseitig in Blüten und Blattstrukturen.

Herkunft: Westasien, Asien, Süd-Europa.

Besonderheiten: Es sind keine giftigen Lauchgewächse bekannt, doch haben einige Arten einen unangenehmen Geschmack wie z.B. *A. christophii*, *A. karataviense* und *A. nigrum var. multibulbosum*. Einen sehr angenehmen Blütengeschmack haben folgende Sorten: *Allium caeruleum* mit blauen Blüten; *A. neapolitanum syn. cowanii* hat relativ große, weiße Blüten mit grünen Staubbeuteln; *A. neapolitanum var. farreri* ist in seiner Blüte tief purpurviolett; *A. fistulosum* die Winterheckenzwiebel; *A. neapolitanum* mit weißen Blüten; *A. oreophilum* mit tiefrosafarbenen Blüten; *A. roseum* mit zartrosa Blüten; *A. schoenoprasum* der zartlila blühende Schnittlauch; *A. schoenoprasum 'Foreskate'* der intensiv rosaviolett blühende Schnittlauch; *A. schoenoprasum 'Sterile'* mit Blüten, die keinen Samen bilden; *A. sphaerocephalon* der Kugellauch; *A. subhirsutum*; *A. tuberosum* der Chinesische Schnittlauch mit einer sehr leckeren weißen Blüte; *A. unifolium* mit einer zartlilafarbenen Blüte; *A. ursinum* der Bärlauch mit einer weißen Blüte, die nach Knoblauch schmeckt; *Nectaroscordum siculum* früher *Allium siculum* (Lestrieux & Belder 2000: 48).

Bezug: Staudengärtnereien, spezielle Nutzarten bei Sortenerhaltern und Kräutergärtnereien, besonders schöne Arten z.B. bei Fa. Hoch, siehe Adressen.

Althaea officinalis, Eibisch *Malvaceae*

Beschreibung: Wildstaude, die etwa 140 cm hoch wird, mit graufilzigen Blättern und hellila Blüten ab Juli.

Standort: Freifläche. Halbschattige bis sonnige Plätze mit feuchtem Boden, toleriert auch trockenere Böden.

Ernte: Die Blüten von Juli bis September. Die Blätter ab Spätfrühling bis in den Spätsommer. Die Wurzeln im Herbst.

Verwendung in der Küche: Die Blüten und die jungen Blätter roh zu Salaten. Die älteren Blätter und ebenso die Blüten in Suppen (Lestrieux & Belder 2000: 167). Die rohen Blätter sind etwas haarig, deswegen ist es geschmacklich besser, sie mit anderen Salatsorten zu mischen. Die gekochten Blätter entwickeln eine leicht schleimige Konsistenz, was zum Andicken von Suppen genutzt werden kann, jedoch im mitteleuropäischen Kulturraum geschmacklich nicht gerne angenommen wird. Dagegen haben die Blüten roh und gekocht einen

angenehmen, süßlichen Geschmack. Die rohe oder gekochte Wurzel ist etwas faserig, jedoch ist auch sie wohlschmeckend (FERN 2000:88).
Anbau: Aussaat, versamt sich.
Zierwert: Wertvolle Wildstaude, hoher Blütenreichtum.
Herkunft: Europa, Sibirien, Vorder-Asien, Altaigebirge.
Besonderheiten: Die Extrakte der Wurzeln lieferten ursprünglich das Aroma für Marsh-Mellows. Dafür wurde die Wurzel getrocknet, gemahlen und mit Wasser zu einem Teig verarbeitet, aus dem die Marsh-Mellows hergestellt werden konnten. Bedeutung in der Heilkunde. Die Pflanze steht unter Naturschutz, deswegen ist eine Wildsammlung nicht erlaubt.
Bezug: Wildstaudengärtnereien.

Anchusa azurea, Ochsenzunge *Boraginaceae*

Beschreibung: Bis 100 cm hohe Staude mit stumpfgrünen, behaarten, 10 bis 30 cm langen Blättern und 10-15 mm großen, blauen Blüten von Mai bis Juni.
Standort: Freifläche. Sonnige Plätze mit tiefgründigen Böden und einem gutem Wasserabzug, verträgt Trockenheit. Die Pflanze kommt oft an Wegrändern, Feldrändern, Steppen und steinigen Hügeln vor (PHILLIPS & RIX 1992: 173). Winterschutz ratsam.
Ernte: Die Blüten im Frühjahr, teilweise bis in den Sommer.
Verwendung in der Küche: Die Blüten können roh oder verzuckert (siehe S. 29 oben) gegessen werden. Im Gegensatz zu Borretschblüten verlieren sie nicht ihre blaue Farbe beim Einlegen in Essig, z.B. für Gurken (BROWN 2000: 73).
Anbau: Vermehrung durch Wurzelteilung oder Aussaat, selbstaussäend.
Zierwert: Die Sorte *A. azurea 'Loddon Royalist'* hat eine Blütenfarbe von einzigartigem, leuchtenden Enzianblau. Locker in naturnahe Pflanzungen einstreuen.
Herkunft: Süd- und südliches Mitteleuropa, sowie Nordafrika bis Iran, im nördlichen Mitteleuropa und in Nordamerika eingebürgert.
Besonderheiten: Ein Rückschnitt nach der Blüte um die Hälfte läßt neue Blüten hervorsprießen (BROWN 2000: 72).
Bezug: In jeder Staudengärtnerei Sorten von *A. azureum*. Die in gleicher Weise verwendbare *A. officinalis* gibt es z.B. bei den genannten Wildstaudengärtnereien, in Österreich steht sie jedoch unter Naturschutz.

Anchusa azurea, Ochsenzunge (Farbabb. S. 49)

Anchusa officinalis, Ochsenzunge

Aquilegia vulgaris, Akelei *Ranuculaceae*

Beschreibung: Etwa 40 cm hohe, heimische Staude mit silbrig-blauem Laub und blauen Blüten im Mai/Juni.
Standort: Gehölzrand. Absonnige bis sonnige Lage, bevorzugt lichten Schatten mit einem frischen, nährstoffreichen Boden.
Ernte: Die Blüte im Mai/Juni.

Aquilegia vulgaris, Akelei (Farbabb. S. 50)

Verwendung in der Küche: Die rohe Blüte hat keinen besonders intensiven Geschmack, jedoch eine leichte Süße. Nur mit Vorsicht genießen, da alle anderen Pflanzenteile leicht toxisch sind (FERN 2000: 89).
Anbau: Aussaat, selbstaussäend. Kurzlebig.
Zierwert: Bekannte zierliche Gartenpflanze, Blatt- u. Blütenschmuck
Herkunft: Europa.
Besonderheiten: Es gibt verschiedene Arten und Sorten bei denen nach FERN alle in gleicher Weise verwendbar sind. Beispiele sind: *Aquilegia canadensis,* eine nordamerikanische Wildart, mit auffallend rot-gelben Blüten; *Aquilegia Caerlea - Hybr. 'Blue Star'* mit hellblauen Blüten; *Aquilegia flabellata var. pumila* mit blaugrünem, derben Laub, einem niedrigem Wuchs von etwa 15 cm und einer blau-weißen Blüte; ansonsten gibt es noch *Aquilegia spezies* mit vielen Farbvariationen von weiß, gelb, rot bis blau.
Bezug: Wildstaudengärtnereien.

Asphodeline lutea, Junkerlilie *Liliaceae*

Beschreibung: Wintergrüne Staude, die ihre blaugrüne, saubere, grasartige Belaubung, etwa 20 cm hoch, im Spätsommer für ein paar Monate einzieht. Hat schlanke, gelbe bis 80 cm hohe Blütenkerzen im Juni/Juli.
Standort: Freifläche-Felssteppe. Sonnige Lage mit einem durchlässigen aber nährstoffreichen Boden, der mäßig trocken ist, Winterschutz wird empfohlen.
Ernte: Die Blüten im Juni/Juli, die vielen, kinderfingerdicken Wurzeln im Herbst, und die jungen Triebe von Herbst bis Frühjahr. Für einen Fortbestand sollten einzelne Wurzeln im Boden belassen, und die Triebe einer Pflanze nur einmal pro Jahr geschnitten werden.
Verwendung in der Küche: Die rohen Blüten haben einen wunderbaren süßen Geschmack, nur welken sie sehr schnell. Die jungen Triebe können wie Spargel gedünstet werden, sie haben beim Kochen einen abscheulichen Geruch, schmecken jedoch überaschend mild und bekömmlich. Die Wurzeln wurden im alten Griechenland kultiviert, sie wurden mit Feigen gebacken und wie Kartoffeln verwendet. Sie können auch gekocht werden und haben dann einen nussigen Geschmack (FERN 2000: 90).
Anbau: Aussaat oder Teilung.
Zierwert: Auffälliger Sommerblüher (leuchtend) und ordentlicher wintergrüner Bodendecker.
Herkunft: Mittelmeergebiet.
Besonderheiten: Es gibt verschiedene Arten, inwieweit auch diese essbar sind, ist nicht bekannt. *Asphodeline lutea subalpina* ist im Wuchs niedriger als die beschriebene Art; *Asphodeline liburnica* ist ein gelber Nachtblüher von schöner, eher filigraner Gestalt; *Asphodeline taurica* wird bis zu 65 cm hoch und hat weiße Blüten.
Bezug: Staudengärtnereien und Wildstaudengärtnereien.

Brassica oleracea botrytis aparagoides, 'Nine-Star'-Brokkoli

Cruciferae

Beschreibung: Im ersten Jahr ähnlich dem Blumenkohl, mit einem großen weißen Röschen in der Mitte, der von kleineren umgeben ist. In den folgenden Jahren wird der Unterschied zwischen den großen und kleinen Röschen immer geringer. Wird bis zu 100 cm hoch und blüht im Mai weiß (WHITEFIELD 1999: 140).
Standort: Freifläche. Sonnig mit einem nährstoffreichen, feuchten, allerdings gut entwässerten Boden.
Ernte: Die Blütenköpfe im Knospenstadium von April bis Mai. Die Blätter sollten nicht geerntet werden, um die Pflanze nicht zusätzlich zu schwächen.
Verwendung in der Küche: Die Blütenköpfe können roh oder gedünstet gegessen werden, der Geschmack ist ähnlich dem von Brokkoli (FERN 2000: 108).
Anbau: Aussaat im April ins Saatbeet und im Juni pflanzen. Um eine Mehrjährigkeit zu erhalten, müssen alle Blüten jährlich abgeerntet werden, ansonsten stirbt die Pflanze nach der Samenbildung ab. Kurzlebige Staude, die bei Pflege bis zu 5 Jahre alt wird.
Zierwert: Auffällige Blüte, Blattschmuck.
Herkunft: Kulturpflanze.
Bezug: Das Saatgut gibt es z.B. bei Grüner Tiger und in begrenztem Umfang beim 'Privaten Samenarchiv Gerhard Bohl'.

Campanula portenschlagiana, Dalmatiner Glockenblume (Farbabb. S. 51)

Campanula portenschlagiana, Dalmatiner Glockenblume

Campanulaceae

Beschreibung: Wüchsige, etwa 15 cm hohe Polsterstaude, mit frischgrünen Blättern und violetten, trichterförmigen Blüten von Juni bis August.
Standort: Steinanlagen. Sonniger bis absonniger Platz, möglichst am Stein z.B. in Steinfugen oder Trockenmauern, mit einem durchlässigen, lehmhaltigen Boden.
Ernte: Die Blüten im Sommer und die Blätter ganzjährig.
Verwendung in der Küche: Die Blüten können roh gegessen werden, sie sind süß und zart. Die Blätter haben einen milden, süßlichen Geschmack, die Blattbeschaffenheit ist etwas rauh und trocken, deswegen eher als Teil in gemischten Salaten einzusetzen (FERN 2000: 203). Da die Blätter immergrün sind, haben sie eine gewisse Zähigkeit (FERN 2000: 165).
Anbau: Vermehrung durch Stecklinge.
Zierwert: Unersetzlicher Sommerblüher für Steingärten.
Herkunft: Dalmatien.
Besonderheiten: Eine ähnliche, sehr starkwüchsige Art ist *Campanula porscharskyana*, mit gleichen Ansprüchen und gleich zu verwenden, jedoch im Wuchs ein wenig größer und mit größeren Blättern, die etwas besser schmecken. In gleicher Weise verwendbar,

Cardamine pratensis, Wiesenschaumkraut

jedoch nicht immergrün ist *Campanula cochleariifolia (C. pusilla)*, eine zarte Pflanze, die etwa 10 cm hoch wird, mit zierlich nickenden, hellblauen Blütenglöckchen, die sich in nicht zu trockenen Steingartenplätzen und Fugen üppig ausbreitet. Alle *Campanula-spezies* haben essbare Blätter und Blüten, eine nicht sehr schmackhafte Art ist *Campanula alliariifolia* (FERN 2000: 90).
Bezug: Staudengärtnereien.

Cardamine pratensis, Wiesenschaumkraut (Farbabb. S. 51)

Cardamine pratensis, Wiesenschaumkraut *Brassicaceae*

Beschreibung: Eine rosa blühende Wiesenkresse, aufrechter Stängel und gefiederte Blätter. Höhe etwa 30 cm.
Standort: Freifläche. Feuchte Wiesen, Gräben und Straßenränder. Schattig bis halbschattig mit einem nährstoffreichen Boden.
Ernte: Blätter und Blütenstände von Februar bis Mai.
Verwendung in der Küche: Blüten wie Blätter sind als Beigabe für Salate, Suppen, Kräuterbutter und Gemüsegerichte geeignet (COUPLAN 1998: 34). Die Blüten sind ferner für die Verzierung von Speisen und zum Fritieren in Teig geeignet. Beide sind sehr scharf und etwas bitter (LESTRIEUX & BELDER 2000: 12f). Der Geschmack kann sehr aufdringlich intensiv sein.
Anbau: Leicht zu kultivieren, z.B. Aussaat.
Zierwert: Schöner Frühjahrsblüher, wird oft als Unkraut bezeichnet. Zuchtform mit gefüllten Blüten ist *Cardamine pratensis 'Plena'*.
Herkunft: Heimisch.
Besonderheiten: Die frische Pflanze belebt den Organismus, regt die Verdauung an und hilft bei Lungenkrankheiten (COUPLAN 1998: 35).
Bezug: Wildstauden- und Kräutergärtnereien.

Cichorium intybus, Wegwarte (Farbabb. S. 52)

Cichorium intybus, Wegwarte

Cichorium intybus, Wegwarte *Compositae*

Beschreibung: Weit verbreitete Wildpflanze, die etwa 150 cm hoch wird, mit blauen Blüten von Juli bis September.
Standort: Beet. Sonniger bis halbschattiger Platz, mit einem mageren, trockenen, schweren, lehmigen Boden, kommt oft auf Brach- und Ödland vor.
Ernte: Die Blüten ohne die grünen Bestandteile zwischen Juli und Oktober. Die jungen Triebe können gebleicht werden, doch sind die weniger bitteren Zuchtformen zu empfehlen (FERN 2000: 110).
Verwendung in der Küche: Die Blüte hat keinen intensiven Geschmack, aber eine schöne blaue Farbe und eine seidige Struktur (LESTRIEUX & BELDER 2000: 144), jedoch welkt sie sehr rasch.
Anbau: Aussaat, versamt sich leicht.
Zierwert: Attraktive Blütenstaude mit Wildcharakter.
Herkunft: Europa, Sibirien, Vorder-Asien, N-Afrika.
Besonderheiten: Urform des Zichorie. Die gerösteten Wurzeln können als Kaffeeersatz verwendet werden.
Bezug: Wildstauden- und Kräutergärtnereien.

Chrysanthemum leucanthemum, Margerite *Compositae*

Beschreibung: Etwa 40 cm hohe Staude, mit kleinen, festen, dunkelgrünen Blättern, weißen Zungenblüten und gelben Röhrenblüten von Mai bis August.
Standort: Freifläche. Auf Blumenwiesen mit mäßig trockenem bis frischem Lehmboden.
Ernte: Die jungen Blätter und Triebe von März bis Mai, die Blütenköpfe zur Blütezeit.
Verwendung in der Küche: Die jungen Triebe und Blätter ergeben kurz gedämpft ein aromatisches Gemüse, ähnlich den in Asien beliebten Chrysanthemenblättern. Roh sind sie für Salate geeignet, sie schmecken sehr süß. Die Blüten können roh oder auch in Teig fritiert verzehrt werden (COUPLAN 1998: 41).
Anbau: Aussaat im Frühjahr oder Wurzelstockteilung im Frühjahr und Herbst.
Zierwert: Einfacher, langer Sommerblüher.
Herkunft: Europa bis Altaigebirge, Kaukasus, in N-Amerika eingebürgert.
Besonderheiten: Die neue Bezeichnung nach ZANDER ist *Leucanthemum vulgare*, jedoch nicht gängig in der Praxis. Die verschiedenen Zierformen von *Chrysanthemum leucanthemum* wie z.B. 'Hofenkrone', 'Maistern', 'Wunderkind' und die verschiedenen Züchtungen von *Chrysanthemum maximum* der Gartenmargerite können in gleicher Weise genutzt werden (SCHNELLE & RUBEN 2001: 20f).
Bezug: Wildform in Wildstaudengärtnereien, Zuchtformen in Staudengärtnereien.

Chrysanthemum leucanthemum, Margerite *(Farbabb. S. 52)*

Chrysanthemum leucanthemum, Margerite

Cynara scolymus, Artischocke *Compositae*

Beschreibung: Etwa 150 cm hoch, mit silbrig graugrünen Blättern und großen, blauvioletten Blüten im September/Oktober.
Standort: Freifläche - sonnige Felssteppenbereiche. Geschützter, warmer und sonniger Platz mit nährstoffreichen, lehmigen Böden und Sommertrockenheit.
Ernte: Die ausgewachsene, jedoch noch ungeöffnete Knospe. Im ersten Jahr - wenn überhaupt - eine Blüte, im zweiten Jahr 4 bis 8 Blüten (BERLING et al. 1997). Der mittlere Ertrag liegt bei 1kg/m^2 Anbaufläche (in Ägypten bei 2,7 kg/ m^2) (FRANKE 1976: 227f).
Verwendung in der Küche: Die Blüten werden ca. 30 Minuten gekocht. Gegessen wird das „Fleisch" von den Blütenblättern und der Blütenboden.
Anbau: Vermehrung durch Seitentriebe oder Aussaat. Im Oktober Blütenstängel dicht über dem Boden zurückschneiden und Winterschutz anbringen.
Zierwert: Imposante Solitärstaude, Blatt- und Blütenschmuck.
Herkunft: Süd-Europa.

Cynara scolymus, Artischocke, *(Farbabb. S. 52)*

Hemerocallis agnes elpers, Taglilie (Farbabb. S. 53)

Hemerocallis spezies, Taglilie (Farbabb. S. 54)

Hemerocallis spezies, Taglilie (Farbabb. S. 53)

Besonderheiten: Es gibt verschiedene Sorten wie z.B. 'Green Globe' und 'Romagna'. Im Jahre 1535 nahm Caterina de' Medici Artischockenpflanzen als Teil ihrer Aussteuer von Florenz nach Frankreich mit, heute gibt es in der Provence und in der Bretagne große Artischockenfelder (LESTRIEUX & BELDER 2000: 138).
Bezug: Gemüsegärtnereien und z.B. bei Rühlemann.

Hemerocallis spezies, Taglilie *Liliaceae*

Beschreibung: Langlebige, anspruchslose Stauden mit mehr oder weniger breitem, grasartigen Laub. Die Farben der verschiedenen Sorten und insbesondere der vielen Hybriden variieren von gelb, orange, lavendel, rosa über rot bis hin zu braun. Die Höhen reichen von 30 bis 140 cm.
Standort: Gehölzrand. Besonnte und leicht schattige Gartenplätze mit einem frischen bis leicht feuchten, nährstoffreichen Boden.
Ernte: Die Knospen und Blüten aller Sorten, auch Hybriden, zur Blütezeit, je nach Sorte zwischen Mai und September. Im Frühjahr können die jungen Triebe geerntet werden, sie sehen ähnlich wie Lauch aus. Die Wurzeln sind am besten im Herbst bei der Wurzelstockteilung zu ernten (FERN 2000: 93f).
Verwendung in der Küche: Blüten roh, z.B. mit Füllung, der Geschmack ist pfeffrig und süß. Die Knospen können gedämpft oder angebraten werden, auch getrocknet (zuerst dämpfen, dann trocknen). So sind sie z.B. wegen des Geschmacks und zum Andicken auch für Suppen verwendbar (LESTRIEUX & BELDER 2000: 100ff). Die jungen Triebe mit einem leicht süßen Geschmack können ähnlich wie Lauch zubereitet werden, die Wurzeln haben gekocht einen nussigen Geschmack. In Asien werden verschiedene Taglilien als Feldfrucht angebaut (FERN 2000: 93f).
Anbau: Vermehrung über Wurzelstockteilung.
Zierwert: Vielseitige Staude, gerade im Bezug auf die vielen Blütenvariationen. Filigranes Laub, zieht sich nach der Blüte zurück, bei gelben Sorten erst im Spätherbst (HANSEN & STAHL 1981: 456).
Herkunft: Ostasien.
Besonderheiten: Wildsorten wie *H. flava* und *H. citrina* stammen aus Ostasien. *H. fulva* und die gefüllte Züchtung *'Kwanso'* sind stark wuchernd und vielleicht am besten als Nahrungspflanze geeignet. Vor den Blüten von den Sorten der *Hemerocallis lilio-asphodelus* ist zu warnen, da sie bei vielen Frauen einen sehr unangenehmen Nachgeschmack verursachen (FERN 2000: 93f). Doch gibt es auch andere Arten, die diesen unangenehmen Nachgeschmack haben sollen, wie manche Pflanzen mit gelben, duftenden Blüten. Die größten knolligen Wurzeln sind von *H.dumortieri* zu erwarten. Die schmalen Wurzeln von *H. minor* haben einen milden Rettichgeschmack (FERN 2000).
Bezug: Staudengärtnereien.

Hesperis matronalis, Nachtviole *Brassicaceae*

Hesperis matronalis, Nachtviole (Farbabb. S. 54)

Beschreibung: Horstig aufrechte Pflanze, die etwa 70 cm hoch wird. Die Blüten sind meist lila, selten weiß, und verbreiten abends einen feinen Duft.
Standort: Gehölzrand. Halbschattige Plätze, auf frischen bis feuchten Lehm- und Tonböden.
Ernte: Die Blüten im Juni- Juli. Im zeitigen Frühjahr die jungen Triebe.
Verwendung in der Küche: Die Blüten für Süßspeisen, roh oder verzuckert (Lestrieux & Belder 2000: 59). Mit Verzuckern ist hier eine Konservierungsmethode gemeint: die Blüten werden mit Eiweiß betupft und mit feinem Kristallzucker (kein Puderzucker oder gemahlener Kristallzucker) bestreut, dann in einem Ofen bei einer Temperatur um 50°C erwärmt, bis der Zucker zerfließt und die Blüten in der Zuckerhülle trocken sind. Bei der Erwärmung sollte die Ofentür einen Spalt offen bleiben, damit die Feuchtigkeit entweichen kann. Die Blüten behalten nach dieser Behandlung ihre Farbe und sind eine lange Zeit haltbar. Die jungen Triebe ergeben grob gehackt und kurz gegart ein Frühlingsgemüse mit einem ganz eigenen Geschmack, der etwas an Kohl erinnert (Dahl 1999: 25).
Anbau: Kurzlebig, versamt sich gerne auf frischen, nährstoffreichen Böden (Hansen & Stahl 1981: 240).
Zierwert: Stark duftende Staude mit auffälligem Blütenreichtum.
Herkunft: Mittel- und Südeuropa.
Besonderheiten: Violette Sorte *Hesperis m. 'Purpurea Plena'*, weiße Sorte *Hesperis m. 'Alba Plena'*.
Bezug: Wildstauden- und Kräutergärtnereien.

Hosta spezies, Funkien *Liliaceae*

Beschreibung: Relativ anspruchslose Staude mit großem Laub und violettblauen bis weißen Blüten.
Standort: Gehölz. Vollschatten - Halbschatten. Frischer, nährstoffreicher Boden.

Hosta plantaginea, Funkie (Farbabb. S. 55)

Ernte: Alle Hosta-Spezies und Zuchtformen sind zum Verzehr geeignet, doch soll der Geschmack unterschiedlich sein. Knospen jung und die Blüten im Juli -August (Lestrieux & Belder 2000: 104f). Die Blattstiele im Frühjahr/Sommer.
Verwendung in der Küche: Knospen einlegen, fritieren oder dämpfen, Konsistenz ist etwas schleimig. Blüten dämpfen, blanchieren und verzuckern oder auch getrocknet für Tee (Lestrieux &Belder 2000). Ansonsten sind die Blüten auch roh zu verwenden. Die Blattstiele können roh oder gekocht gegessen werden, sie sind etwas faserig, jedoch haben sie einen süßen Geschmack (Fern 2000: 206).
Anbau: Vermehrung durch Teilung.
Zierwert: Sehr dekoratives Blattwerk in vielen Variationen, treibt jedoch erst spät im Frühjahr aus. Auch Blütenschmuck.
Herkunft: China und Japan.

Besonderheiten: „Hosta-Blütenknospen waren eines der vielen *Tsukemono* (das japanische Wort für eingelegtes Gemüse), die zu Reis serviert wurden" (LESTRIEUX & BELDER 2000).
Bezug: Viele verschiedene Arten und Sorten in Staudengärtnereien.

Malva sylvestris, Wilde Malve (Farbabb. S. 55)

Malva moschata, Moschusmalve *Malvaceae*

Beschreibung: Buschige Malve, die etwa 60 cm hoch wird, mit saftiggrünen Blättern und kleinen, blassrosa Blüten von Juli bis September.
Standort: Gehölzrand. Warme, sonnige bis absonnige Plätze, ansonsten recht anspruchslos.
Ernte: Die Blüten von Juni bis September, die Blätter ab Frühjahr.
Verwendung in der Küche: Die Blüten haben keinen außergewöhnlichen Geschmack, doch eine schöne Farbe (LESTRIEUX & BELDER 2000: 166). Junge Blätter in Salat und als Suppenbeigabe. Im Nahen Osten ist Hühnersuppe mit Malvenblättern (Melokhia) eine Hauptspeise (STORL 1982: 276).
Anbau: Aussaat, versamt sich leicht.
Zierwert: Hoher Blütenreichtum, eignet sich auch als Schnittblume.
Herkunft: Europa.
Besonderheiten: Es gibt auch eine weiße Sorte *Malva m.'Alba'*. Die Blüten und die jungen Blätter der einjährigen, selbstaussäenden Wilden Malve *Malva sylvestris* sind auch essbar, ihre Sprosse waren im Mittelalter ein begehrtes Gemüse und die Früchte wurden wie Kapern eingesäuert (STORL 1982). Die einjährige, selbstaussäende Krause Malve *Malva verticilatta* ist eine der ältesten Kulturpflanzen Chinas. Die Blätter werden gekocht, gebraten oder getrocknet mit Sojasauce gegessen (RÜHLEMANN 1999: 55). Früher wurden sie auch in europäischen Gemüsegärten gezogen (PHILLIPS & RIX 1994: 62).
Bezug: Stauden-, Wildstauden und Kräutergärtnereien.

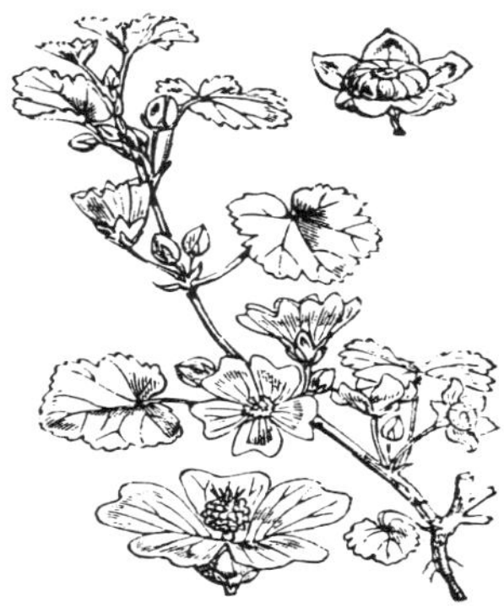

Malva spezies

Passiflora incarnata, Passionsblume *Passifloraceae*

Beschreibung: Bis 6 m hoch rankende Kletterpflanze mit lavendelpurpurnen Blüten von Mai bis Juli und zartgelben Früchten.
Standort: Gehölzrand. Sonnige, geschützte Plätze. Vertragen keine Staunässe, Winterschutz notwendig.
Ernte: Die Blüte von Juni bis zu den ersten Nachtfrösten. Die bis zu 5 cm großen Passionsfrüchte entwickeln sich nur in warmen Sommern zu einer vollen Reife im Herbst. Die Blätter im Sommer.
Verwendung in der Küche: Die Blüten ergeben verzuckert ein traumhaftes Dessert. Die süßen Früchte können vielseitig genutzt werden (LESTRIEUX & BELDER 2000: 95). Die Blätter sollen als Gemüse gekocht wohlschmeckend sein (FERN 2000: 158).
Anbau: Vorkultur im Gewächshaus oder auf der Fensterbank im späten Winter, Samen keimen sehr langsam.
Zierwert: Exotische Kletterpflanze, Blütenschmuck.

Passiflora caerulea, Passionsblume

Herkunft: USA: Maryland bis Missouri u. Oklahoma, südl. bis Florida u. Texas; Bermuda-Inseln.
Besonderheiten: Auch *Passiflora „Purple Haze"* mit lilafarbenen Blüten und *Passiflora caerulea* mit weißduftenden Blüten gedeihen mit Winterschutz im Freiland in Gegenden mit nicht zu lang anhaltenden Frösten (KOCH 1999: 94).
Bezug: z.B. bei Otzberg Kräuter.

Passiflora caerulea, Passionsblume (Farbabb. S. 55)

Phlox paniculata, Flammenblume *Polemoniaceae*

Beschreibung: Aufrechter ca. 80-100 cm Wuchs mit kompakten, dichten Blütenrispen auf starken Stielen, mit leuchtenden Farben von weiß, rosa über rot bis hin zu blau.
Standort: Beet. Sonniger Platz mit nährstoffreichem und feuchten Boden. Phloxe gedeihen in niederschlags- und sonnenscheinreicher Gebirgsnähe am besten.
Ernte: Die Blüten von Juni bis September.
Verwendung in der Küche: Die Blüten haben eine knackige Konsistenz und einen süß-würzigen Geschmack. Sie sind für Desserts, Salate und zum Verzuckern geeignet (LESTRIEUX & BELDER 2000: 127).
Anbau: Vermehrung durch Wurzelschnittlinge oder Teilung.
Zierwert: Unentbehrliche Blütenstaude mit einer Vielzahl von Sorten mit verschiedenen Farben.
Herkunft: Niederschlagsreiche Waldgebiete in Nordamerika.
Besonderheiten: Schnittblume und Bauerngartenstaude.
Bezug: Gängig in Staudengärtnereien.

Phlox paniculata, Flammenblume (Farbabb. S. 56)

Platycodon grandiflorus, Ballonblume *Campanulaceae*

Beschreibung: Spätaustreibende, etwa 50 cm hoch werdende Staude mit ballonartigen Knospen und großen, tiefblauen, breitglockigen Blüten von Juli bis August.
Standort: Freifläche. Sonniger, warmer Platz mit einem frischen, gelegentlich auch trockenen, nährstoffreichen Boden.
Ernte: Die Blüte im Juli/August. Die jungen Blätter im Juni.
Verwendung in der Küche: Die Blüten roh, sie können auch gefüllt werden, sie haben eine knackige Konsistenz und einen leicht süßlichen Geschmack (LESTRIEUX & BELDER 2000: 169). Die jungen Blätter werden im Orient als Salatbeigabe gegessen. Aus den Wurzeln wird ein wichtiges Hustenmittel gewonnen (RÜHLELMANN 1999: 7) .
Anbau: Freilandaussaat möglich.
Zierwert: Attraktiver Sommerblüher.
Herkunft: China, Japan.
Besonderheiten: Es gibt neben der blauen Wildform verschiedene Sorten wie z.B. *'Album'* mit einer weißen Blüte mit blauen Adern und *'Perlmutterschale'* mit rosa Blüten.
Bezug: Staudengärtnereien und z.B. auch bei Hof Berg-Garten.

Platycodon grandiflorus, Ballonblume (Farbabb. S. 56)

*Primula veris,
Echte Schlüsselblume*

*Primula veris,
Echte Schlüsselblume
(Farbabb. S. 56)*

*Roscoea cautleoides,
Scheinorchis
(Farbabb. S. 57*

Primula veris, Echte Schlüsselblume *Primulaceae*
Beschreibung: Geschützte Art. Duftende, heimische Art der Schlüsselblume mit kleinen, goldgelben Blüten im Mai/Juni. Höhe etwa 20 cm.
Standort: Gehölzrand. Sonnige bis halbschattige Plätze mit einem mäßig trockenen, lehmhaltigen, basenreichen Boden.
Ernte: Die Blätter im Frühjahr. Die Blüte Mai - Juni. Die Wurzeln im September.
Verwendung in der Küche: Blüten können verzuckert, oder auch roh für die Verzierung von Salaten und Süßspeisen verwendet werden (Lestrieux & Belder 2000: 24). Die Blätter werden in England gerne als Salat oder wie Spinat gegessen (Diels 1918: 21f). Die Wurzel wird für Hustentee verwendet (Pahlow 1993: 281).
Anbau: Vermehrung durch Teilung oder Samen.
Zierwert: Schöner Frühjahrsblüher.
Herkunft: Europa, Sibirien und Mittel-Asien.
Besonderheiten: *Primula veris* wird auch als *Primula officinalis* bezeichnet. Die weit verbreitete *Primula eliator* hat hellgelbe Blüten und ist in der gleichen Art und Weise zu verwenden (Diels 1918: 21). Die in Gärten öfter anzutreffende Kissenprimel *Primula vulgaris* hat keinen Stiel und wächst an einem anderen Standort, sie ist in gleicher Weise zu verwenden (Fleischhauer 2003: 267).
Bezug: Wildstaudengärtnereien.

Roscoea spezies, Scheinorchis *Zingiberaceae*
Beschreibung: Exotisch aussehende Ingwergewächse, die 30-40 cm hohe Horste bilden. Orchideenartige Blüten im Sommer, mit Blättern, die zerrieben nach Ingwer riechen.
Standort: Gehölz. Geschützte, absonnige bis halbschattige Plätze mit durchlässigem, sehr humosen Boden.
Ernte: Die leuchtendgelben Blüten von *Roscoea cautleoides* im Juni, der Geschmack ist nicht sehr ausgeprägt. *Roscoea purpurea* blüht purpurn von August bis September, sie hat ein deutlich süßeres Aroma. *Roscoea humeana* blüht im Juli purpur bis weinrot mit gelb.
Verwendung in der Küche: Alle Blüten sind süßlich mit einem leichten Ingwergeschmack. Die Blüten passen gut zu Desserts und exotischen Fruchtsalaten, roh oder kandiert (Lestrieux & Belder 2000: 61).
Anbau: Winterschutz mit Laubdecke ist notwendig. Wenn alle Bedingungen stimmen, versamt sich die Pflanze gut (Hansen & Stahl 1981: 204).
Zierwert: Exotische Blütenstaude.
Herkunft: NW- und W- Jünnan, Himalaya.
Bezug: In manchen Staudengärtnereien oder z.B. bei Fa. Hoch.

Tulipa spezies, Tulpen *Liliaceae*
Beschreibung: Es gibt Tulpen in verschiedenen Formen, von niedrigen, zierlichen bis zu aufrechten, starkwüchsigen Arten.

Standort: Steinanlagen. Warme, sommertrockene Plätze.
Ernte: Die Blüten je nach Art oder Sorte zwischen März und Mai.
Verwendung in der Küche: Blüten von Stiel, Staubbeuteln und Stempeln befreien. Die Blütenblätter haben eine knackige Konsistenz und einen leicht süßen Geschmack. Roh zu Salat oder als sonstige Verzierungen (LESTRIEUX & BELDER 2000: 17), jedoch nicht immer verträglich.
Anbau: Blumenzwiebeln im Oktober pflanzen. Vermehrung durch Teilung.
Zierwert: Vielseitiger Frühjahrsblüher.
Herkunft: Zentralasien, Kaukasus, Kleinasien, Persien, Griechenland
Besonderheiten: Vor dem Genuß von Blumenzwiebeln ist zu warnen, da Vergiftungserscheinungen bekannt sind (LESTRIEUX & BELDER 2000), obwohl sie nach anderen Angaben im 2. Weltkrieg in den Niederlanden als Nahrung dienten. Für den sonnigen Gehölzrand eignet sich die heimische Weinbergstulpe *Tulipa sylvestris* mit grünlich-gelben Blüten, sie vermehrt sich stark durch Ausläufer.
Bezug: Zuchtformen sind fast überall erhältlich, Wildformen in Wildstaudengärtnereien.

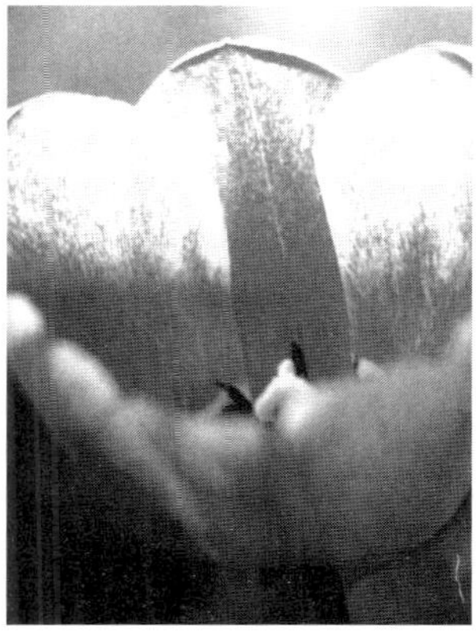

Tulipa spezies, Tulpen (Farbabb. S. 57)

Viola odorata, Duftveilchen *Violaceae*

Beschreibung: Etwa 10 cm hoch, herzförmige Blätter und blau-violette, duftende Blüten im März.
Standort: Schattige bis absonnige, waldartige Plätze im Gehölzrand mit frischen, nährstoffreichen Böden.
Ernte: Blüten im März, oder auch im Herbst. Junge Blätter im Frühjahr.
Verwendung in der Küche: Die Blüten roh für Salate, Desserts, etc. oder kandieren. Die Blätter ohne Stiel als Salat oder gekocht in Gemüsegerichten, sie enthalten viel Pflanzenschleime und sind deshalb zum Eindicken geeignet (COUPLAN 1998: 130f). Die Blüten schmecken ebenso lecker, wie sie duften.
Anbau: Pflanze bildet Ausläufer und versamt sich leicht.
Zierwert: Schöner Bodendecker unter laubabwerfenden Sträuchern. Eine großblumige Sorte ist 'Königin Charlotte'.
Herkunft: Westeuropa, Mittelmeergebiet, Kaukasus.
Besonderheiten: Das Wilde Stiefmütterchen *Viola tricolor* ist auch essbar, hat aber kaum Aroma, dafür größere Blüten. Das Wilde Stiefmütterchen ist zweijährig und selbstaussäend.
Bezug: Stauden- und Wildstaudengärtnereien.

Viola odorata, Duftveilchen (Farbabb. S. 57)

Yucca filamentosa, Palmlilie *Agavaceae*

Beschreibung: Immergrüne, agavenartige Staude mit großen Blatthorsten, die aus derben, dunkelgrünen Blättern bestehen und starken Blütenschäfte mit großen, weißen Blütenglocken.
Standort: Freifläche-Felssteppen. Trockene, kalkhaltige Böden mit gutem Wasserabzug in voller Sonne.

Yucca filamentosa, Palmlilie (Farbabb. S. 57)

Ernte: Die Blüte zwischen Juli und September. Die schmackhaften Früchte reifen in Mitteleuropa nur selten aus.
Verwendung in der Küche: Die Blüten können roh, geschmort oder gekocht gegessen werden, sie haben einen frischen Geschmack und eine knackige Konsistenz. Ein Verzuckern (siehe S. 29 oben) der Blüten ist auch möglich (LESTRIEUX & BELDER 2000: 163).
Anbau: Frosthart bis -20°C, eventuell darunter, jedoch in strengen Wintern Abdeckung mit Fichtenreisig ratsam. Nach der Blüte den Schaft tief unten abschneiden.
Zierwert: Blatt- und Blütenschmuck, agavenartige Blätter.
Herkunft: Östliches Nordamerika, von Süd-New Jersey bis Florida.
Besonderheiten: *Yucca f. 'Variegata'* hat rosa und cremefarben gestreifte Blätter. Die Blüten und die Früchte der Palmlilie wurden ursprünglich von den Indianern im östlichen Nordamerika als Nahrung genutzt (FERN 2000: 101).
Bezug: Staudengärtnereien.

Bellis perennis, Gänseblümchen (Farbabb. S. 50)

Kurzbeschreibungen

Bellis perennis, das Gänseblümchen, wächst auf Freiflächen, meist auf Rasen. Die Blüten und die Blattrosetten sind roh als Salat oder auch gekocht in Wildspinatmischungen oder in Kräutersuppen essbar (DIELS 1918: 16f). Wächst in jedem Rasen, doch gibt es auch gezielt Saatgut in den verschiedenen Wildstaudengärtnereien.

Claytonia megarrhiza, Portulacaceae ist eine sehr frostharte Pflanze aus den Alpen, für einen sonnigen Standort mit torfigem, durchlässigen Boden geeignet, kalkmeidend. Im Frühjahr können die sukkulenten Blätter und Blüten roh oder gekocht gegessen werden und haben einen saftigen, milden Geschmack. Im späten Frühjahr, wenn die Pflanze sich zurückzieht, sind auch die bis 2,5 cm dicken Wurzeln roh oder gebacken genießbar (FERN 2000: 255). *Claytonia virginica* ist in gleicher Art und Weise zu verwenden. Sie hat weiße bis rosafarbene Blüten von Februar bis Juli (KINDCHER 1987: 89f) und ist in Mitteleuropa frosthart (ZANDER 1984: 183). Der Bezug ist noch schwierig, hin und wieder in Wildstaudengärtnerein der Alpenregion oder bei PFAF in Großbritannien.

Bellis perennis, Gänseblümchen

Dianthus spezies, die verschiedenen Nelkenarten mit ihren bunten, duftenden Blüten decken eine Farbpalette von weiß, rosa bis hin zu rot ab, *D. knappii* hat sogar eine gelbe Blütenfarbe. Nelken mögen in der Regel einen trockenen, durchlässigen Boden in voller Sonne. Die Blütenblätter, deren Geschmack etwas an Gewürznelken erinnert, sind essbar. Doch ist zu empfehlen, bei den abgezupften Blütenblättern die weißen Teile an ihrem Ansatz zu entfernen, da diese bitter sind (STRICKLER 2001: 250). Die Blütenblätter können als Dekoration bei Süßspeisen und Salaten dienen oder vielleicht als bunte

Zulage in Marmelade. Zu empfehlen sind am ehesten die Wildarten, die teilweise unter Naturschutz stehen, jedoch in Stauden- und Wildstaudengärtnereien erhältlich sind.

Monarda didyma, die Indianernessel, ist eine angenehm aromatisch duftende Staude aus dem östlichen Nordamerika. Sie erreicht eine Höhe von etwa 1,5 m, hat weichhaarige bis glatte, gezähnte Blätter und leuchtend rote Blüten von Juli bis August (PHILLIPS & RIX 1992: 325). Der bevorzugte Standort ist die sonnige Staudenrabatte mit einem frischen bis mäßig feuchten, nährstoffreichen Boden. Aus den Blüten kann mit Zucker und Zitrone ein kalter Auszug hergestellt werden, der im Geschmack an Himbeersirup erinnern soll.
Ob *M. fistulosa* und die in Staudengärtnereien gängigen Hybriden verwendet werden können, ist nicht bekannt, die Wildform ist in Kräutergärtnereien erhältlich.

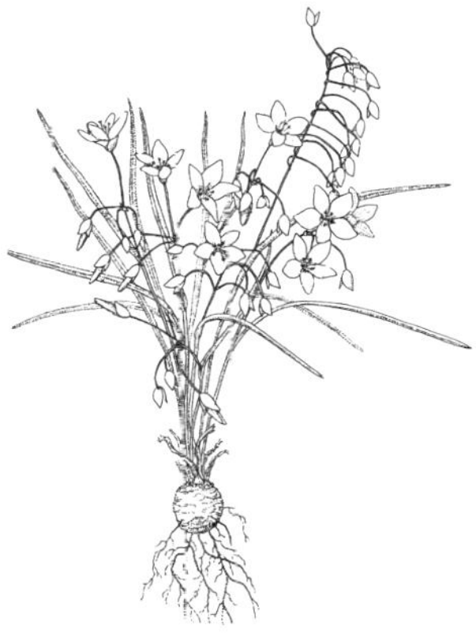

Claytonia megarrhiza

Zweijährige und selbstaussäende Pflanzen

Borago officinalis, Boretsch *Boraginaceae*
Beschreibung: Häufiges, einjähriges Gewürzkraut mit blauen Blüten und rauhen, großen Blättern. Die Blätter erreichen eine Höhe von 50 cm und die Blütenstände werden bis zu 120 cm hoch.
Standort: Beet, mit einem mäßig frischen Boden in sonniger bis halbschattiger Lage.
Ernte: Die jungen Blätter von Frühjahr bis Herbst, je nach Aussaat. Die Blüten von Juni bis September.
Verwendung in der Küche: Alle Pflanzenteile haben einen gurkenähnlichen Geschmack. Junge Blätter und Blüten zu Salaten, ältere Blätter können auch wie Spinat verwendet werden.
Anbau: Aussaat im April, versamt sich leicht.
Zierwert: Blattschmuck mit leuchtend blauen Blüten.
Herkunft: Mittelmeergebiet, in West-, Mittel- und Ost-Europa eingebürgert.
Besonderheiten: Es gibt auch eine weißblühende Sorte. Der ausdauernde Boretsch *Borago laxiflora* (neue Bezeichnung nach ZANDER 1993 ist *Borago pygmaea*) ist wesentlich kleiner, kommt aus Sardinien und Korsika und ist nur bedingt frosthart (bis -10°C) (RÜHLEMANN 2000: 27). Boretsch enthält in allen Teilen - auch in der Blüte - neben zahlreichen anderen Inhaltsstoffen unterschiedliche Mengen Pyrrolizidin-Alkaloide mit zum Teil leberschädigender und krebserregender Wirkung. Nach Ansicht des Bundesgesundheitsamtes (Kommission E; BAnz. Nr. 127, 12.7.1991) ist die therapeutische Anwendung nicht vertretbar. Wenn auch keine Bedenken gegen die

Dianthus spezies, Nelke (Farbabb. S. 53)

Monarda didyma, Indianernessel (Farbabb. S. 55)

Borago officinalis, Boretsch (Farbabb. S. 50)

Borago officinalis, Boretsch

Verwendung als Gewürz bestehen, sollte man die Blüten und die Blätter sicherheitshalber nicht in größeren Mengen oder über einen längeren Zeitraum zu sich nehmen (LESTRIEUX & BELDER 2000: 67).
Bezug: Gängiges Gewürzkraut, Samen gibt es in jedem Supermarkt oder aus ökologischem Anbau z.B. bei Dreschflegel.

Calendula officinalis, Ringelblume *Asteraceae*

Beschreibung: Bis zu 70 cm hoch, aufrechte, filzig behaarte Stängel, verästelt und mit wechselständig angeordneten, ebenfalls behaarten Blättern. Die etwa 4 cm großen Blütenköpfe sind leuchtend gelb-orange vom Sommer bis in den Herbst. Es gibt gefüllte und ungefüllte Züchtungen.
Standort: Beet. Boden mäßig feucht, sonnig, ansonsten recht anspruchslos.
Ernte: Die Blüten von Juni- Oktober.
Verwendung in der Küche: Die Blütenblätter und auch die stärker duftenden grünen Blätter geben ein zartes Aroma an Salate. Doch haben die Blätter im Gegensatz zu den Blüten einen etwas strengen Nachgeschmack (FERN 2000: 215). Geeignet sind die frischen und auch die getrockneten Blütenblätter als Safranersatz, um Reis und andere Lebensmittel zu färben , wie z.B. Käse und Butter (EBEL 1990: 90).
Anbau: Direktsaat ab März - April. Selbstaussaat.
Zierwert: Blütenschmuck, leuchtender Sommerblüher.
Heimat vermutlich Mittelmeergebiet, im westlichen Südeuropa und England eingebürgert.
Besonderheiten: Wichtige Heilpflanze z.b. als Salbe für Wundbehandlung, als Tee krampflösend etc. (PAHLOW 1993: 258). Bienen- und Nützlingsweide, Schnittblume und für Mischkultur im Gemüsebeet geeignet. Eine andere Art ist die trockenheitstolerante *C. algeriensis* mit eleganten, mittelgroßen Blüten. Eine viktorianische Variante ist *C. officinalis 'Hen and Chicken'* bei der unmittelbar unter der Hauptblüte, Stielchen mit weiteren kleinen Blüten entspringen (GEHLSEN 2000: 30). Die unscheinbare Acker-Ringelblume *Calendula arvensis* ist nicht in der genannten Weise verwendbar. Sie ist aus dem Mittelmeergebiet eingeschleppt und erhält sich in Mitteleuropa sehr gut durch Selbstaussaat.
Bezug: Gängig, ansonsten bei den verschiedenen Kräutergärtnereien.

Verbascum thapsus, Kleinblütige Königskerze *Scrophulariaceae*

Beschreibung: Ornamentale Wildstaude, die etwa 2 m hoch wird, mit großen Blattrosetten und gelben Blütenkerzen.
Standort: Freifläche -Felssteppen. Sonniger warmer Standort mit einem trockenen, sandig-kiesigen Substrat. Pionierpflanze für kies- und schotterreiche Rohböden.
Ernte: Die Blüten Juli/August.

Verwendung in der Küche: Die Blüten können roh, verzuckert (**siehe S. 29 oben**) oder getrocknet (z.B. für Bouillon) verwendet werden (Lestrieux & Belder 2000: 173).
Anbau: Aussaat. Kurzlebige Staude, die sich leicht versamt.
Zierwert: Blatt- und Blütenschmuck, kandelaberartiger Blütenstand. Für Steppenheide geeignet, mit kerzenförmigem Wuchs. Zum Einstreuen in Naturanlagen und große Heidegärten.
Herkunft: Europa, West-, Mittel- und Ost-Asien, in den nordöstlichen USA eingebürgert.
Besonderheiten: Es gibt in den Gärtnereien verschiedene Arten mit überwiegend gelben Blüten. *Verbascum phoeniceum* blüht violettrosafarben. *Verbascum densiflorum* ist in gleicher Weise verwendbar.
Bezug: Wildstaudengärtnereien.

Calendula officinalis, Ringelblume (Farbabb. S. 51)

Essbare Blätter und Triebe

Bei den folgenden Pflanzen stehen die Blätter und Triebe im Vordergrund. Die meisten der beschriebenen Pflanzen haben einen hohen Nährwert und können entweder als Gemüse oder als Salat genutzt werden. Um der Pflanze nicht zu viel Lebenskraft zu nehmen, sollten bei der Ernte nicht alle Blätter und Triebe gleichzeitig oder in zu häufigen Wiederholungen geerntet werden. Übrigens: Gekaufte Pflanzen aus konventionellem Anbau können mit Pestiziden behandelt sein und sind dann für den Verzehr nicht geeignet.

Mehrjährige Pflanzen

Allium ursinum, Bärlauch *Liliaceae*

Beschreibung: Heimische Waldstaude, die etwa 30 cm hoch wird. Je Pflanze zwei große, länglich-breite, fleischige, längsnervige, leuchtend grüne Blätter, die nach der Blüte einziehen. Die Blüte (April bis Juni) besteht aus kleinen weißen Scheindolden. Alle Pflanzenteile verströmen bei Berührung einen starken Knoblauchgeruch.
Standort: Gehölz. Halbschattige bis schattige Plätze mit einem frischen bis feuchten, nährstoffreichen, humosen Boden.
Ernte: Die Blätter von März bis Anfang Mai, Knospen und Blüten von März bis April, sehr abhängig vom Standort. Die Zwiebel von Sommer bis Winter.
Verwendung in der Küche: Blätter schmecken zart, leicht süßlich und doch angenehm scharf nach Knoblauch, sie dienen als Zutat für Salate, Sandwiches, Omelettes oder Suppen. Der Geschmack geht beim Kochen weitgehend verloren. Blätter lassen sich gut trocknen oder kleingeschnitten in Öl einlegen (z.B. als Pesto). Die Zwiebeln sind etwas fester als Knoblauch, doch in gleicher Weise verwendbar.

Allium ursinum, Bärlauch (Farbabb. S. 58)

Angelica archangelica, Engelwurz

Angelica archangelica, Engelwurz, (Farbabb. S. 58)

Anbau: Pflanzzwiebeln im Herbst oder Saatgut im Frühjahr. Verwildert leicht und ist selbstaussäend.
Zierwert: Frühjahrsgeophyt für flächige Pflanzungen, wüchsiger Bodendecker.
Herkunft: Europa, Klein Asien, Kaukasus, Sibirien.
Besonderheiten: Vor einer Verwechslung mit dem sehr giftigen Maiglöckchen *Convallaria majalis* und der Herbstzeitlosen *Colchicum autumnale* ist zu warnen. Das sicherste Merkmal für eine Unterscheidung ist der fehlende Knoblauchgeruch des Maiglöckchens. Der Zusatz *ursinum* bedeutet 'vom Bären' und verweist auf die Vorliebe dieser Tiere für den Bärlauch (Couplan 1998: 20). Eine Alternative stellt der mehrjährige Schnittknoblauch *A. tuberosum* dar.
Bezug: Wildstaudengärtnereien.

Angelica archangelica, Engelwurz *Apiaceae*

Beschreibung: Bis zu 2,50 m hoch werdende Staude mit robusten, hellgrünen Stängeln, großen mattgrünen Blättern und rosafarbenen, kugelförmigen Blütendolden im Sommer.
Standort: Gehölz. Schattige bis halbschattige, kühle Plätze mit einem feuchten, humosen Boden.
Ernte: Junge Sprosse und Blätter von April bis August. Junge Stängel von Mai bis Juni. Die Blüte von Juli bis September und die Früchte von August bis Oktober.
Verwendung in der Küche: Die jungen Sprosse und Blätter haben einen sehr intensiven Geschmack, roh können sie als Gewürz für Suppen, Nachspeisen und Getränke genutzt werden und entfalten eine außergewöhnliche Geschmacksnote. Die jungen Stängel können, solange sie noch zart und weich sind, roh Salaten, Suppen, Gemüse- und Getreidegerichten und Obstsalaten beigegeben werden, sie haben ein ausgeprägtes, herb-wildes Aroma. Die Blattstängel lassen sich wie Spargel zubereiten oder können kandiert werden, wonach sie einen leichten Ingwergeschmack entfalten. Die Früchte lassen sich als Gewürz verwenden. Die Wurzel hat eine vielseitige medizinische Nutzung und wird insbesondere für Liköre verwendet (Couplan 1998: 24). Die Blüten lassen sich verzuckern oder können Essig eine besondere Note verleihen (Lestrieux & Belder 2000: 70). Eine weitere Zubereitungsidee besteht darin, die hohlen Blattstiele zu kandieren und mit Marzipan oder Mandelcreme zu füllen (Schnelle & Hiener 2002: 18).
Anbau: Samen muß sofort nach der Ernte ausgesät werden, er läßt sich nicht lagern. Wenn die Blüte zurückgeschnitten wird, ist die Pflanze mehrjährig. Selbstaussäend (Rühlemann 2000: 39).
Zierwert: Blattschmuck u. Blütenschmuck, imposante Solitärstaude.
Herkunft: Europa.
Besonderheiten: Die Pflanze enthält fotosensibilisierende Stoffe. Bei empfindlichen Personen kann es nach Berührung oder Einnahme

von Teilen der Pflanze und nachfolgender Sonnenbestrahlung zu Hautentzündungen kommen (LESTRIEUX & BELDER 2000: 70). In gleicher Weise wie *Angelica archangelica* kann die kleinere *Angelica silvestris* verwendet werden.
Bezug: Kräuter- und Wildstaudengärtnereien.

Aponogeton distachyos, Afrikanische Wasserähre (Farbabb. S. 59)

Aponogeton distachyos, Afrikanische Wasserähre
Aponogetonaceae

Beschreibung: Wasserpflanze mit langgestielten, hellgrünen, 20 cm langen und 5 cm breiten Blättern, die auf der Wasseroberfläche schwimmen. Der weiße Blütenstand, der im Frühjahr und im Herbst erscheint, bildet eine zweiteilige Ähre, die nach Vanille riecht und sich leicht über die Wasseroberfläche erhebt.
Standort: Wasser. Eine frostfreie Wassertiefe von mind. 50 cm ist zu empfehlen, ansonsten Winterschutz notwendig. Sonniger Platz im Stillwasser, mit einem nährstoffreichen Boden.
Ernte: Die jungen Triebe im Frühjahr, und die Knospen im Frühjahr und Herbst. Die Knolle im Herbst und Winter.
Verwendung in der Küche: In ihrer Heimat in Südafrika werden die jungen Triebe ähnlich wie Spargel zubereitet, ebenso werden die Knospen als Gemüse gekocht (SCHUSTER 2000: 65). Über den Geschmack gibt es keine Angaben. Die Knolle soll gekocht ein Genuß sein (FERN 2000: 129).
Anbau: Vermehrung durch Aussaat im flachen Wasser. Die Pflanzen bilden in der Regel Samen.
Zierwert: Exotische Schwimmblattpflanze, lange Blütezeit.
Herkunft: Kap/Südafrika, eingebürgert in Südaustralien, Neuseeland, im westlichen Südamerika und in Westeuropa.
Besonderheiten: Es gibt eine Züchtung mit größerer Blüte *A. distachyos var. grandiflorus* und eine Züchtung mit rosafarbenen Blüten *A. distachyos var. roseus*. Alle anderen Arten dieser Gattung sind nicht für das Freiland geeignet.
Bezug: Staudengärtnereien mit einem breiten Wasserpflanzensortiment, z.B. Kayser und Seibert.

Aralia cordata, Udo *Araliaceae*

Beschreibung: Die kräftige Staude wird etwa 1,5 m hoch, mit überhängenden Trieben und großen, vielteiligen Blättern und grünlichweißen Blüten in lockeren Rispen auf starken Schäften im Juli/August. Im Herbst entwickeln sich sehr kleine, wahrscheinlich giftige Beeren.
Standort: Gehölzrand. Halbschattig bis leichter Schatten, auch im Schatten von Baumkronen, mit einem nährstoffreichen, frischen bis feuchten Boden. Frosthart.
Ernte: Die Triebe im Frühjahr.

Verwendung in der Küche: Die Triebe können roh oder gekocht als Gemüse gegessen werden, sie sind knackig und wohlschmeckend. Der Geschmack ist sellerieartig, aromatisch-harzig mit einer Note von Lemone (Bonstedt 1932: 85). Die Wurzel kann gebacken oder gekocht werden, über ihren Gesschmack sind keine Angaben zu finden (Fern 2000: 77f).
Anbau: Aussaat, die Jungpflanzen wachsen auf feuchten Laubböden in halbschattiger Lage schnell und anspruchslos.
Zierwert: Schattenverträgliche Solitärstaude mit sehr großen Blättern und dekorativen Blütenständen.
Herkunft: Japan, Mandschurei, Korea, China.
Besonderheiten: Selten im Handel. Diese Aralienart wird verbreitet in Japan kultiviert und die Triebe in der Regel gebleicht (Phillips & Rix 1994: 112). Das Bleichen von Trieben durch Abdecken mit Erde, Folie etc. erzeugt ein zarteres Gemüse (bekanntes Beispiel für diese Methode ist Spargel).

Aruncus dioicus, Waldgeißbart (Farbabb. S. 59)

Aruncus dioicus, Waldgeißbart *Rosaceae*

Beschreibung: Eine Waldstaude, die 1,5 bis 2 m hoch wird, mit fein gefiederten Blättern und federbuschartigen, weißen Rispenblüte im Mai/Juni.
Standort: Gehölz. Im lichten Schatten bis Halbschatten, mit einem frischen Boden und einer erhöhten Luftfeuchtigkeit.
Ernte: Die jungen 10 bis 15 cm langen Schößlinge im Frühjahr, bevor sich die ersten Blätter entwickeln. Sie werden knapp unter der Erde über dem verholzten Wurzelstück abgeschnitten. Im Aussehen gleichen die Triebe dem grünen Kulturspargel, nur sind sie etwas rot gefärbt. Mit dem Blattaustrieb werden die Triebe holziger und bitterer, da sich vermehrt organische Blausäureverbindungen einlagern. Die Blausäure kann dem Wildspargel jedoch - wie bei Bohnen - durch Kochen in Salzwasser entzogen werden.
Verwendung in der Küche: Diese Art von Wildspargel kann in der gleichen Weise wie der Kulturspargel zubereitet werden. Etwas Milch oder Essig beim Kochen dazugegeben bindet den leicht bitteren Geschmack. Traditionell wurde der Waldgeißbart auch eingeweckt (Machatschek 1999: 84f).
Anbau: Kann durch Wurzelstockteilung oder Aussaat vermehrt werden.
Zierwert: Große dekorative Blütenstände, bildet imposante Horste.
Herkunft: Europa, Kaukasus, Himalaya, O-Sibirien und N-Amerika
Besonderheiten: Alte Bezeichnungen sind *A. sylvestris* und *A. vulgaris*. In Süd-Tirol entstanden nach Machatschek sogenannte „Wildgärten“. Dies waren Waldstandorte mit Waldgeißbartbeständen, die von „Wildgärtnern“ regelmäßig beerntet und von anderen Stauden und Gehölzen freigehalten wurden. Durch diese Pflegemaßnahmen konnte sich der Waldgeißbart immer wieder ver-

Asclepias syriaca

jüngen und so für eine lange Zeit erhalten werden (MACHATSCHEK 1999: 24).
Bezug: Wildstauden- und Staudengärtnereien.

Asclepias incarnata, Seidenpflanze *Asclepiadaceae*

Beschreibung: Bis 110 cm hohe Staude mit länglich-lanzettlichen bis ovalen Blättern, mit roten oder rosa, teilweise auch weißen Blüten von Juni bis August.
Standort: Freifläche. Sonniger Platz mit einem warmen, durchlässigen Boden in milder Lage, verträgt längere Trockenzeiten.
Ernte: Die jungen Triebe im Frühjahr, die Triebspitzen, die Blüten und die halbreifen Balgfrüchte im Sommer.
Verwendung in der Küche: Die jungen Triebe können wie Spargel zubereitet werden, die Triebspitzen wie Spinat. Die Blüten lassen sich zu einem Sirup auskochen (FERN 2000: 89f). Die Pflanze ist mit Vorsicht zu genießen, da der Milchsaft gefährlich herzwirksam sein kann (MEUNICK 1992: 52).
Anbau: Aussaat und Teilung, bildet Ausläufer
Zierwert: Auffälliger Sommerblüher. Einzeln oder in kleinen Gruppen für den Steppen und Heidegarten.
Herkunft: Nord-Amerika.
Besonderheiten: Die anderen *Asclepias*- Arten sind in gleicher Weise verwendbar. *Asclepias tuberosa* wird etwa 50 cm hoch, hat leuchtend orangene Blüten von Juli bis September und braucht etwas Winterschutz (den Wurzelstock vor Winternässe schützen); *Asclepias syriaca* wird bis 2 m hoch, hat bis 26 cm lange und 18 cm breite Blätter und hellrosa oder grünlichweiße Blütendolde mit einem Honigduft, wuchert heftig in sandigen Böden (PHILLIPS & RIX 1992: 306).
Bezug: Staudengärtnereien, auch bei Rühlemann u. Hof Berg-Garten

Asclepias incarnata, Seidenpflanze (Farbabb. S. 60)

Asclepias syriaca, Seidenpflanze (Farbabb. S. 60)

Asparagus officinalis, Spargel *Liliaceae*

Beschreibung: Feinlaubige Staude, über 1 m hoch, mit unscheinbaren, grünlich-weißen Blüten im Juni und roten Beeren, die sich im August bilden.
Standort: Gehölzrand. Sonnig bis absonnig mit einem nahrhaften, sandigen, mäßig feuchten Boden. Spätfrostlagen vermeiden.
Ernte: Von Mai bis Ende Juni ist ein Erntedurchgang alle 2 -3 Tage möglich. Die 15-20 cm langen Triebe von Grünspargel etwa 1 cm unter der Erdoberfläche abschneiden, die Deckblätter der Köpfe sollen noch fest anliegen. (BERLING et al. 1997: 317). Bleichspargel wird mit einem Spargelmesser im aufgeschütteten Hügel gestochen.
Verwendung in der Küche: Spargel wird dünn geschält und gedünstet oder gekocht. Grünspargel ist im Geschmack würziger als Bleichspargel und enthält mehr Vitamin C und Spurenelemente.
Anbau: Aussaat von Mitte Februar bis Mitte April. Erste Ernte nach 2 -3 Jahren, etwa 10 - 15 Jahre lang. Der für ein Staudenbeet eher

Asparagus officinalis, Spargel (Farbabb. S. 60)

zu empfehlende Grünspargel wird im März/April 10 - 15 cm tief gepflanzt und vorerst nur mit 5 cm Erde bedeckt. Erst nach Anwachsen und Neuaustrieb wird das Pflanzloch ebenerdig angefüllt (BERLING et al. 1997).
Bleichspargel wird 20 cm tief gesetzt und 6 cm mit Erde bedeckt. Im ersten Jahr bleiben die Gräben offen, im zweiten Jahr werden sie fast ebenerdig mit Erde gefüllt und Anfang des dritten Jahres werden die Pflanzen mit bis zu 35 cm hohen Hügeln bedeckt (NEUHAUS 1934: 87).
Zierwert: Blattschmuck, filigranes, nadelartiges Laub und Beerenschmuck.
Herkunft: Europa, Nordafrika, Vorder-Asien bis Iran, Westsibirien.
Besonderheiten: Eine Zierform ist *Asparagus officinalis 'Spitzenschleier'*. Bei den Kulturformen gibt es verschiedene Züchtungen. Für Grünspargel sind die verschiedenen Sorten wie z.B. *Steiniva F1* von der Gärtnerei Steiner zu empfehlen.
Bezug: z.B. bei Steiner, Dreschflegel (Grünspargel Mary Washington), Strickler (Wildspargel).

Brassica oleraceae acephala 'Daubenton', Mehrj. Gemüsekohl

Cruciferae

Beschreibung: Robuste Pflanze mit mehreren Stämmen, die horizontal wachsen, sich dann nach oben biegen und eine Höhe von 60 bis 75 cm erreichen. Kleine Blätter, ähnlich denen von Brokkoli. Eine Blüte findet etwa alle 10 Jahre statt (WHITEFIELD 1999: 140f).
Standort: Freifläche. Sonniger, offener Platz, mit einem nährstoffreichen, durchlässigen Boden, der eher kalkhaltig sein sollte (PHILLIPS & RIX 1994: 20).
Ernte: Die Blätter ab dem frühen Frühjahr ganzjährig, am besten im Winter.
Verwendung in der Küche: Die Blätter können als Gemüse gekocht werden, sie haben einen nussigen Kohlgeschmack. Die Blütenknospen lassen sich wie Brokkoli verwenden (FERN 2000: 108).
Anbau: Aussaat (wenn Saatgut vorhanden), leicht durch Absenker zu vermehren, die vom Frühjahr bis zum Herbst gesetzt werden können. Die Pflanze breitet sich stark aus, wuchert aber nicht.
Zierwert: Skurriler Wuchs, sattgrünes Blattwerk mit leichter Wachsschicht.
Herkunft: Kulturpflanze.
Besonderheiten: Die Pflanze ist schwierig in Deutschland zu beziehen, eher in England.
Bezug: z.B. bei Rühlemann.

Brassica oleraceae var. oleraceae, Wild-Kohl *Cruciferae*

Beschreibung: Die Pflanze wird 100 cm und höher, trägt an kräftigem, oftmals verzweigtem, am Grunde verholzten Mitteltrieb groß-

flächige, etwas fleischige, blaugrüne Blätter (EBEL 1990: 64). Gelbe Blüten, die den Blüten des Brokkoli ähneln.
Standort: Freifläche. Sonniger offener Platz, mit einem nährstoffreichen, durchlässigen Boden, der eher kalkhaltig sein sollte (PHILLIPS & RIX 1994: 20).
Ernte: Die Blätter ab dem frühen Frühjahr ganzjährig, am besten im Winter.
Verwendung in der Küche: Die Blätter können als Gemüse gekocht werden, sie haben einen leicht bitteren Kohlgeschmack. Es ist davon auszugehen, dass die Blüten wie bei allen Kohlarten essbar sind (siehe LESTRIEUX & BELDER 2000: 174f).
Anbau: Aussaat, oder durch Stecklinge im Sommer. Kurzlebige Staude, die nur 2 bis 5 Jahre alt wird.
Zierwert: Auffälliges Blattwerk.
Herkunft: Atlantische Küsten Europas, Mittelmeergebiet südlich bis Abessinien.
Besonderheiten: Die Sorte *Brassica oleraceae 'Tree Collards'* soll von den mehrjährigen Kohlsorten den besten Geschmack haben. Die Pflanze wird 150 cm hoch und hat dunkelgrüne Blätter, die dem Wirsing ähnlich sehen. Ein Rückschnitt alle paar Jahre bis auf 30 cm hilft der Pflanze sich zu verjüngen (FERN 2000: 107). Die verschiedenen Kohlarten wie Weißkohl, Rotkohl, Wirsing und Rosenkohl entstanden durch Züchtung aus der genannten Wildart. Als Blätterkohl war der Wildkohl schon im alten Rom bekannt, die Kopfkohlarten wurden aber erstmals von der Heiligen Hildegard im 12. Jhr. erwähnt (FRANKE 1976: 212).
Bezug: In Deutschland wohl schwierig zu bekommen, ansonsten z.B. bei Plants for a Future.

Bunias orientalis, Türkische Rauke (Farbabb. S. 61)

Bunias orientalis, Türkische Rauke *Cruciferae*

Beschreibung: Bis 100 cm hoch und 40 cm breit, kräftige Staude mit gelben Blüten.
Standort: Beet. Sonnig bis halbschattig, mit einem nährstoffreichen, feuchten Boden.
Ernte: Junge Blätter und Triebe ab März fortlaufend, ein frühzeitiges Bleichen im Winter bringt besonders zarte, knackige Blätter.
Verwendung in der Küche: Die Blätter haben einen angenehmen, scharfen Rettichgeschmack, und können jung Salaten etc. roh beigemischt, und wenn sie älter sind, wie Spinat verarbeitet werden (FERN 2000: 108f). Die gekochten Blätter sollen einen bitteren Geschmack haben. Die grünen Samenschoten lassen sich roh in Salaten ähnlich wie Radieschen verwenden.
Anbau: Aussaat im Herbst und Frühjahr, keimt langsam und unregelmäßig, oder Wurzelteilung. Anspruchslose, starkwüchsige Pflanze, Starkzehrer.
Zierwert: Blattschmuckstaude.

Sisimbrium officinalis, Wegraute

Herkunft: Klein-Asien.
Besonderheiten: Bekannt in Polen, Türkei und Russland, wird auch Morgenländisches Zackenschötchen genannt. Die Wegrauke *Sisimbrium officinalis* hat ähnliche Ansprüche und Blätter mit einem senfkresseartigen Aroma (Rühlemann 2000: 100).
Bezug: z.B. bei Dreschflegel und Rühlemann.

Caltha palustris, Sumpfdotterblume (Farbabb. S. 61)

Caltha palustris, Sumpfdotterblume *Ranuculaceae*

Beschreibung: Etwa 30 cm hohe Staude mit rundlichen, nierenförmigen, glänzendgrünen Blättern und goldgelben Blüten im April/Mai.
Standort: Wasserrand - sumpfige Bereiche. Sonnig bis halbschattig mit einem nährstoffreichen Boden.
Ernte: Die Blätter bis in den Sommer, die Knospen ab April.
Verwendung in der Küche: Die gesamten Pflanzenteile nicht roh essen, da es sich um ein „giftiges" Hahnenfußgewächs handelt. Mehrmals in frischem Wasser gekocht sind die Blätter jedoch als Gemüse genießbar, die Blütenknospen können wie Kapern in Weinessig oder Öl eingelegt werden (Storl 1982: 279). Als Kapern sollten die Knospen vor dem Einlegen erst mehrmalig gekocht und dann gesalzen werden (Franke 1976: 371).
Anbau: Pflanzung, verbreitet sich an geeigneten Standorten von selbst
Zierwert: Leuchtender Frühjahrsblüher.
Herkunft: Europa, M.-N.-u.O.-Asien, Klein Asien, Kaukasus und nördliches Nord-Amerika.
Besonderheiten: Die Sorte *„Multiplex"* hat gefüllte Blüten, die Sorte *„Alba"* blüht etwas früher und hat weiße, ungefüllte Blüten. Ob die Sorten auch essbar sind, ist in der Literatur nicht beschrieben.
Bezug: Wildstaudengärtnereien, und in manchen Staudengärtnerein.

Campanula rapuncoloides, Rapunzelähnliche Glockenblume

Campanula versicolor, Glockenblume *Campanulaceae*

Beschreibung: Wüchsige, über 50 cm hohe Staude, mit schalenförmigen, den Zipfeln zu weißlichen Blüten (Juli bis September), die in ihrer Hauptfarbe violettblau sind.
Standort: Steinanlagen. Sonniger bis absonniger Platz, in und zwischen Gestein mit einem frischen, feinschotterreichen Boden.
Ernte: Die Blüten im Sommer und die Blätter von Frühjahr bis in den Herbst.
Verwendung in der Küche: Die Blüten können roh gegessen werden, sie sind süß und zart. Die Blätter haben einen milden, süßlichen Geschmack, und sollen zu den bestschmeckendsten *Campanula*-Spezies gehören. Verwendet werden sie für Salate (Fern 2000: 91).
Anbau: Vermehrung durch Teilung und Aussaat.
Zierwert: Anspruchsvoller Sommerblüher für Steingärten.
Herkunft: Balkan, SO-Italien.
Besonderheiten: In gleicher Weise verwendbar sind *Campanula persicifolia*, eine etwa 80 cm hohe Staude, mit pfirsichblättrigen

Blättern (nach ZANDER persicifolius = pfirsichblättrig) und blauen Blüten an langen Stielen sitzend im Juli/August. Ihr Standort ist der sonnige bis absonnige Gehölzrand mit einem mäßig trockenen, lehmhaltigen, basenreichen Boden. Ideale Wildstaude zum Einstreuen in naturnahe Anlagen, selbstaussäend. Eine andere Art für den sonnigen Gehölzrand ist die Rapunzelähnliche Glockenblume *Campanula rapunculoides*, sie wird etwa 100 cm hoch, hat blauviolette, trichterförmige Blüten im Juli/August, mit einer vielblütigen Traube auf steifen Stielen mit lanzettlichen Blättern. Breitet sich sehr stark aus. Alle *Campanula*-spezies haben essbare Blätter und Blüten, eine nicht sehr schmackhafte Art ist die Lauchblättrige Glockenblume *Campanula alliariifolia* (FERN 2000: 90).
Bezug: Züchtungen in Staudengärtnreien, z.B. bei Fa. Hoch, Wildformen in Wildstaudengärtnereien.

Chenopidium bonus-henricus, Guter Heinrich

Chenopidium bonus-henricus, Guter Heinrich *Chenopodiaceae*

Beschreibung: Wildspinat. Breite, dreieckige Blätter, mit zwei nach unten gerichteten Öhrchen. Kurze ährenförmige Blütenstände, grünlich. Beim Heranreifen der Samen rötlicher Farbton der Blütenstände.
Standort: Gehölzrand. Nährstoffliebend, mäßig feucht und sonnig. Oft zu finden auf Alpenweiden. Ansprüche ähnlich wie die der Brennnessel.
Ernte: Blätter von April bis November. Blütenstände von Juni bis September, solange sie noch mit den Fingern abzubrechen sind. Samen von August bis Oktober.
Verwendung in der Küche: Junge Blätter als Salat für den, der den bitteren Geschmack mag. Ältere Blätter wie Spinat zubereiten, zarter, angenehm ausgeprägter Geschmack. Junge Blütenstände wie Spargel dämpfen (COUPLAN 1998: 38). Pflanzenteile immer frisch verarbeiten, nicht lagern, da sie schnell welken (BOHL 2000: 19).
Anbau: Frostkeimer, langwierige Keimung, aber anspruchslos, wenn er Fuß gefaßt hat.
Zierwert: Blattschmuck, rötliche Färbung im Herbst.
Herkunft: Nord-, Mittel-, Süd- und Ost-Europa, im nordöstlichen Nordamerika eingebürgert.
Besonderheiten: Junge Triebspitzen im Frühjahr bleichen - delikat als Salat und Gemüse (ARCHE NOAH 2001: 113). Der Gänsefuß *Chenopodium album* ist ein gefürchtetes einjähriges „Unkraut" und kann in gleicher Art und Weise verwendet werden (COUPLAN 1998: 36).
Bezug: Kräuter- und Wildstaudengärtnereien, Sortenerhalter wie VEN, Gemüsegärtnereien. Die Pflanze steht unter Naturschutz.

Chenopidium bonus-henricus, Guter Heinrich (Farbabb. S. 61)

Chrysanthemum majus, Marienblatt *Asteraceae*

Beschreibung: Alte Bauerngartenpflanze mit einer Höhe bis 80 cm und kleinen gelben Blüten (August bis September).

Chrysanthemum majus, Marienblatt (Farbabb. S. 61)

Chrysanthemum majus, *Marienblatt* *(Farbabb. S. 62)*

Standort: Freifläche. Sonniger, warmer Standort mit einem frischen, gelegentlich auch trockenen, nährstoffreichen Boden.
Ernte: Junge Sprosse und Blätter im Frühjahr, Knospen und Blüten von August bis September.
Verwendung in der Küche: Die Sprosse und Blätter als Salatbeigabe oder als Spinatersatz. Die Blätter sollen, kurz in Butter angebraten, gut schmecken. Die jungen Knospen gelten, kurz abgebrüht, als Delikatesse. Die Blüten werden in Öl mit Fleisch oder Fisch mitgebacken (PRO SPECIE RARA 2001: 54). In einer anderen Quelle wird die Pflanze als Heil- und Würzkraut mit herb-süßem Minzgeschmack beschrieben, das nur in kleinen Mengen verwendet werden sollte (RÜHLEMANN 1999: 8).
Anbau: Vermehrung über Ausläufer, da sie im mitteleuropäischen Raum kaum zur Samenreife gelangt.
Zierwert: Die Blüten sind unscheinbar, jedoch war die Pflanze Bestandteil mittelalterlicher Klostergärten.
Herkunft: Vorderasien.
Besonderheiten: Traditioneller Bestandteil der ostasiatischen Küche. Die Blätter wurden früher als Lesezeichen für die Bibel verwendet. Ältere Bezeichnungen sind *Tanacetum balsamita* und *Balsamita major.*
Bezug: In manchen Staudengärtnereien, ansonsten in Kräutergärtnereien und z.B. bei Pro Specie Rara.

Crambe maritima, Meerkohl *Cruciferae*

Beschreibung: Die dekorative Staude wird 50 bis 60 cm hoch und breit. Sie bildet mit ihren Blättern und Stängeln einen Busch auf einem festen, holzigen Wurzelstock (PHILLIPS & RIX 1992: 261). Die Blätter sind im Austrieb tiefpurpur, später Schattierungen von purpur-blaugrün, am Rand gekräuselt. Die Blütendolden bilden beeindruckende Schirme, weiß mit einem Hauch von lila (LESTRIEUX & BELDER 2000: 9).

Crambe maritima, *Meerkohl* *(Farbabb. S. 62)*

Standort: Freifläche. Sonniger Standort mit einem eher nährsstoffarmen, etwas sandigen Boden, der mäßig feucht ist und einen guten Wasserabzug hat. Toleriert keine schweren und sauren Böden. Da es sich um einen Tiefwurzler handelt, wird ein tiefgründiger Boden bevorzugt.
Ernte: Die jungen Blätter und Triebe (etwa 12 cm lang) im zeitigen Frühjahr. Erträge liegen zwischen 0,5 und 2 kg/m^2 Fläche. Ernte der 10-15 cm langen Blütentriebe im Knospenstadium im Sommer.
Verwendung in der Küche: Die jungen Blätter können roh oder gekocht wie Spinat gegessen werden. Die jungen Triebe (Blattstiele) lassen sich wie Spargel zubereiten, der Geschmack soll nussig und leicht bitter sein. Die Blütentriebe können wie Brokkoli zubereitet werden (FERN 2000: 110).
Anbau: Vermehrung durch Wurzelstücke oder Direktsaat. Das Bleichen ist bei Wurzelstecklingen ab dem 2. Jahr und bei samen-

vermehrten Pflanzen ab dem 3. Vegetationsjahr möglich. Insgesamt 8-10 Jahre beerntbar. Bei der Aussaat kommen die Samen im Frühjahr in tiefen, sandigen Boden mit gutem Wasserabzug, die erste Ernte erfolgt nach zwei Jahren (PHILLIPS & RIX 1994: 50f).
Zierwert: Blattschmuck, die Blätter sind fleischig, gewellt und mit blauen Schimmer.
Herkunft: Küsten West- und Nord-Europas.
Besonderheiten: In England ist es Tradition, die jungen Triebe direkt nach dem Austrieb in Bleichtöpfen aus Terracotta zu bleichen (LESRIEUX & BELDER 2000: 9). Ansonsten können die jungen Triebe ähnlich wie Spargel mit Erde, Laub etc. etwa 20 -30 cm angehäuft oder mit Folie umhüllt werden (VOGEL 1996: 379f). *Crambe cordifolia*, das Riesenschleierkraut, ist eine stattliche Solitärstaude von 180 cm, mit wagenradgroßen Blättern und riesigen weißen Blütenrispen. Der Standort sollte sonnig und nährstoffreich mit einem guten Wasserabzug sein. Die Pflanze soll sich auch gebleicht und zart für ein gutes Staudengemüse eignen (PHILLIPS & RIX 1994: 50).
Bezug: Stauden- und Kräutergärtnereien.

Crambe maritima,
Meerkohl

Crambe tataria, Tatarenkohl *Cruciferae*

Beschreibung: Die stattliche Staude wird im Laub etwa 80 cm hoch und in der Blüte bis 150 cm, mit duftenden, weißen Blütendolden im Mai/Juni.
Standort: Freifläche - Steppe. Sonniger bis halbschattiger Standort, mit einem nährsstoffreichen, feuchten Boden.
Ernte: Die jungen Blätter und Triebe im zeitigen Frühjahr. Die Blütentriebe im Knospenstadium im Sommer, die Wurzeln im Herbst.
Verwendung in der Küche: Die jungen Blätter werden roh oder gekocht wie Spinat gegessen. Die jungen Triebe und die Blüten im Knospenstadium können gedünstet werden. Die armdicken, fleischigen, süßschmeckenden Wurzeln werden gebraten oder gekocht als Gemüse verzehrt (EBEL 1990: 5).
Anbau: Vermehrung durch Wurzelstücke oder Aussaat.
Zierwert: Blattschmuck.
Herkunft: West-Sibirien bis Ost-Europa, westlich bis Tschechei und Österreich.
Besonderheiten: Winterhärter als *Crambe maritima*. In Deutschland bestenfalls als Zierpflanze bekannt, in Osteuropa hat sie eine lange Tradition als Nutzpflanze (RÜHLEMANN 2001: 120).
Bezug: z.B. bei Rühlemann.

Cryptotaenia japonica, Mitsuba

Beschreibung: Etwa 60 cm hoch, im Habitus ähnlich der Petersilie, mit zarten dreigeteilten Blättern.
Standort: Beet. Halbschattiger bis schattiger Platz, mit einem feuchten Boden.

Ernte: Die Blätter und Stängel von Frühjahr bis Herbst, die Samen und die Rübe im Herbst.
Verwendung in der Küche: Blätter wie Petersilie, die Stängel können gebleicht werden und die Wurzeln gebraten (ARCHE NOAH 2001: 116). Auch der Samen kann zum Würzen genutzt werden. Der Geschmack soll dem von Petersilie oder auch von Sellerie ähnlich sein.
Anbau: Freilandaussaat im April (RÜHLEMANN 2000: 64).
Zierwert: Blattschmuck, eher unscheinbar.
Herkunft: Japan.
Besonderheiten: Wird in der japanischen Küche verwendet. Die nordamerikanische Art *Cryptotaenia canadensis* kann in der gleichen Weise genutzt werden (FERN 2000: 79).
Bezug: Kräutergärtnereien und z.B. bei VEN.

Cynara cardunculus , Cardy *Compositae*

Cynara cardunculus, Cardy (Farbabb. S. 62)

Beschreibung: Etwa 150 cm hoch, mit großen, silbrig graugrünen Blättern und großen blauen Blüten.
Standort: Freifläche - sonnige Felssteppenbereiche. Geschützter, warmer und sonniger Platz, mit nährstoffreichen, lehmigen Böden und Sommertrockenheit.
Ernte: Anfang September werden die Blätter und Blattstiele zusammengebunden und zum Bleichen mit einer Folie oder mit Stroh umhüllt. Nach 2 bis 3 Wochen können die Blattstiele mit Handschuhen (die Pflanze hat Stacheln) geerntet werden ist (BERLING et al. 1997: 325). Es können auch die frischen grünen Stiele verwendet werden (ARCHE NOAH 2001: 112).
Verwendung in der Küche: Zubereitung als zarter Salat oder wie Spargel, mit artischockenartigem Geschmack (FRANKE 1976: 209f). Nach anderen Angaben ist eine Gesamtkochzeit von 30-40 Minuten notwendig, mit einer Unterbrechung nach 15 - 20 Minuten, um die faserige Haut abzuziehen. Auch wird empfohlen, die gewaschenen und geschnittenen Stücke in Essigwasser zu legen, um eine Schwarzverfärbung zu verhindern und den leicht bitteren Geschmack zu mildern (LIEBSTER 1990: 58ff).
Anbau: Vermehrung durch Seitentriebe oder Aussaat. Im Oktober Blütenstängel dicht über dem Boden zurückschneiden und Winterschutz anbringen.
Zierwert: Imposante Solitärstaude, Blatt- und Blütenschmuck.
Herkunft: Süd- und West-Mittelmeergebiet.
Besonderheiten: Es gibt keine Sorten. Gilt in Frankreich als Delikatesse. Cardy ist ein Gemüse, das bereits in Ägypten im 4. Jhr. vor Christus bekannt war, dann immer wieder in Vergessenheit geriet und erneut in Mode kam. Im Deutschland des 19. Jhr. war es noch ein verbreitet angebautes Gemüse (LIEBSTER 1990).
Bezug: z.B. bei Grüner Tiger, den Sortenerhaltern Arche Noah und bei Pro Specie Rara.

Essbare Blüten

1 *Alcea rosea var nigra*, Stockrose
2 *Allium fistulosum*, Winterheckenzwiebel
3 *Althaea officinalis*, Eibisch
4 *Anchusa azurea*, Ochsenzunge

1

2

3

4

5

5 *Aquilegia vulgaris*, Akelei
6 *Bellis perennis*, Gänseblümchen
7 *Borago officinalis*, Boretsch
8 *Calendula officinalis*, Ringelblume
9 *Campanula portenschlagiana*, Dalmatiner Glockenblume
10 *Cardamine pratensis*, Wiesenschaumkraut

6

7

8

9

10

11 *Cichorium intybus*, Wegwarte

12 *Chrysanthemum leucanthemum*, Margerite

13 *Cynara scolymus*, Artischocke

14 *Dianthus carthusianorum*, Nelke

15 *Dianthus 'Snow Fire'* Nelke

16 *Hemerocallis agnes elpers*, Taglilie

17 *Hemerocallis spezies*, Taglilie

14

16

15

17

18

19

20

18 *Hemerocallis spezies*, Taglilie

19 *Hemerocallis spezies*, Taglilie

20 *Hesperis matronalis*, Nachtviole

21 *Hosta plantaginea*, Funkie

22 *Malva sylvestris*, Wilde Malve

23 *Monarda didyma*, Indianernessel

24 *Passiflora caerulea*, Passionsblume

21

23

22

24

25 *Phlox paniculata*, Flammenblume

26 *Platycodon grandiflorus*, Ballonblume

27 *Primula veris*, Echte Schlüsselblume

28 *Roscoea cautleoides*, Scheinorchis

29 *Tulipa spezies*, Tulpe

30 *Yucca filamentosa*, Palmlilie

31 *Viola odorata*, Duftveilchen

28

29

30

31

32

34

33

35

36

Essbare Blätter und Triebe

32 *Aegopodium podagraria*, Giersch

33 *Alliaria petiolata*, Knoblauchsrauke

34 *Allium ursinum*, Bärlauch

35 *Angelica archangelica*, Engelwurz

36 *Aponogeton distachyos*, Afrikanische Wasserähre

37 *Aruncus dioicus*, Waldgeißbart

37

38

39

41

40

42

43

44

45

38 *Amaranthus retroflexus*, Fuchsschwanz

39 *Asclepias incarnata*, Seidenpflanze

40 *Asparagus officinalis*, Spargel

41 *Asclepias syriaca*, Seidenpflanze

42 *Atriplex hortensis*, Gartenmelde

43 *Chrysanthemum majus*, Marienblatt

44 *Chenopidium bonus-henricus*, Guter Heinrich

45 *Caltha palustris*, Sumpfdotterblume

46 *Bunias orientalis*, Türkische Rauke

46

47

49

50

48

51

47 *Cynara cardunculus*, Cardy

48 *Crambe maritima*, Meerkohl

49 *Foeniculum vulgare*, Gewürzfenchel

50 *Chrysanthemum majus*, Marienblatt

51 *Diplotaxus tenuifolia*, Wilde Rauke

52 *Eryngium maritimum*, Stranddistel

53 *Eremurus spectabilis*, Steppenlilie

54 *Humulus lupulus*, Hopfen

52

53

54

55 *Hosta fortunei*, Funkie

56 *Lepidium latifolium*, Breitblättrige Kresse

57 *Mertensia maritima*, Austernpflanze

58 *Lamium album*, Taubnessel

Diplotaxus tenuifolia, Wilde Rauke *Cruciferae*

Beschreibung: Höhe etwa 30/20 cm hoch, löwenzahnähnliche Blätter, jedoch feiner und von dunkelgrüner Farbe, mit kleinen gelben Blüten.
Standort: Beet. Sonnig bis halbschattig, nahrhafter Boden, der im Sommer genügend feucht ist.
Ernte: Frühjahr bis Herbst. Bei kontinuierlichem Schnitt, wie bei Pflücksalat, wachsen die Blätter ständig nach. Auch die Blüten sind essbar.
Verwendung in der Küche: Die Blätter haben einen kresse-nussartigen Geschmack, sind reich an Vitaminen und Senföl und für Salate zu verwenden (DRESCHFLEGEL 2000: 19). Oder zu Pesto verarbeiten!
Anbau: Aussaat ab März bis November (FISCHER 2000: 64). Wenn die Blüte immer wieder zurückgenommen wird, ist die Pflanze mehrjährig, ansonsten auch selbstaussäend.
Zierwert: Die gelben Blüten über den dunklen, filigranen Blättern wirken sehr schön.
Herkunft: Süd-Europa.
Besonderheiten: Wird auch *Rucola silvatica, Diplotaxus muralis* oder *D. ericoides* bezeichnet. Die Kulturform ist die einjährige Salatrauke *Eruca sativa*, oder auch *Rucola coltivata* genannt. Sie hat größere Blätter, eine weiße Blüte und kann ganzjährig durch Folgesaaten alle 2-3 Wochen angebaut werden, ist innerhalb der Vegetationszeit auch selbstaussäend. Beide Sorten sind in Deutschland mittlerweile sehr beliebt. Ansonsten siehe Türkische Rauke *Bunias orientalis* und Wegrauke *Sisymbrium officinalis*.
Bezug: Kräutergärtnereien.

Diplotaxus tenuifolia, Wilde Rauke (Farbabb. S. 62)

Eremurus spectabilis, Steppenlilie *Liliaceae*

Beschreibung: Riesensteppenlilie, die 1 bis 2 m (-3 m) hoch wird, mit riemenartigen, am Rand rauhen, blaugrau-grünen Blättern und aufrechten, schwefelgelben Blütentrauben im Juni/Juli. Die Pflanze zieht sich nach ihrer Blüte bis zum Frühjahr zurück (BURNIE et al. 1998: 334f).
Standort: Freifläche. Sonniger, windgeschützter Standort in humosem, wasserdurchlässigen Boden; eventuell Kieslage unten in das Pflanzloch einbringen. Winterhart, jedoch empfindlich gegen Spätfröste, weshalb es ratsam ist, den Austrieb in Frostnächten abzudekken.
Ernte: Die jungen Triebe im Frühjahr.
Verwendung in der Küche: In Sibirien werden die jungen Triebe auf Wochenmärkten angeboten, sie gelten gekocht als Delikatesse. Ihr Geschmack liegt zwischen Spinat und Portulak (FERN 2000: 151).
Anbau: Die Blumenzwiebeln werden im Herbst gepflanzt. Vermehrung im Herbst durch frische Samen oder vorsichtiger Teilung nach der Blüte.

Eremurus spectabilis, Steppenlilie (Farbabb. S. 63)

Zierwert: Blütenschmuck, auffällige, die Pflanzung sehr bestimmende Pflanze.
Herkunft: Libanon, Anatolien, Iran, Irak.
Besonderheiten: Im Handel sind in der Regel andere *Eremurus*-Arten erhältlich, wie z.B. *E. bungei, E. robustus, E. stenophyllus*. Die gekochte Wurzel von *E. robustus* ist essbar (SCHNELLE & RUBEN 2001: 12), ob dies die anderen Arten auch sind, ist nicht bekannt. Die behandelte Art ist sehr schwer zu beziehen, Varietäten sind unter den Namen *E. caucasicum* und *E. tauricus* bekannt (SCHACHT & FEẞLER et al. 1985: 226).
Bezug: Verschiedene Züchtungen z.B. bei Fa. Hoch, *E. spectabilis* gegebenfalls bei Plants for a Future.

Foeniculum vulgare, Gewürzfenchel, *Umbelliferae*

Foeniculum vulgare, Gewürzfenchel (Farbabb. S. 62)

Beschreibung: Etwa 150 cm hoch werdende Staude, mit einem feingefiederten, duftigen Laub und einer gelben Doldenblüte im August.
Standort: Freifläche. Sonniger, warmer Platz mit einem mäßig trockenen bis frischen, nährstoffreichen Boden. Tiefwurzler und Starkzehrer.
Ernte: Die jungen, noch zarten Sprosse im April/Mai, bei Rückschnitt vor der Samenbildung auch im Spätsommer/Herbst. Im Frühjahr/Sommer das Laub und den Samen im Spätsommer. Die Blüten im August.
Verwendung in der Küche: Die jungen Triebe roh oder gedünstet wie Gemüsefenchel. Das Laub und die Blüten können roh zu Salaten, Suppen etc. verwendet oder auch als Gemüse gekocht werden. Der aromatische Samen kann für Tee, Gebäck etc. genutzt werden. Alle Pflanzenteile haben einen anisartigen Geschmack (FERN 2000: 111f).
Anbau: Die Staude wird etwa 3-4 Jahre alt, läßt sich leicht aussäen, selbstaussäend.
Zierwert: Blattschmuck, ornamentale Staude mit filigranem Laub. Geeignet für Wildstaudenpflanzungen im lockeren Stand.
Herkunft: Mittelmeergebiet, Vorder-Asien, in den Subtropen sowie in Teilen von Europa und Nordamerika eingebürgert.
Besonderheiten: Etwas kleinere Formen mit rotbraunem Laub sind der Bronzefenchel *F. vulgare v. rubrum* und der Schmuck-Fenchel *F. vulgare 'Atropupureum'*. Eine kompakte deutsche Züchtung ist *F. vulgare 'Berfena'* mit einem höheren Gehalt an ätherischen Ölen. Der sizilianische Fenchel *F. vulgare 'Regaleali'* wird bis zu 200 cm hoch und hat türkisfarbene, kurze Blätter. Der Geschmack hat etwas von Dill, mit einer eher herben, zitronenartigen Note. Er ist zusammen mit Sardinen die wichtigste Zutat zu „Pasta con le sarde" dem sizilianischen Nationalgericht (RÜHLEMANN 2001: 43).
Bezug: Kräuter- und Staudengärtnereien.

Heracleum sphondylium, Bärenklau *Umbelliferae*

Beschreibung: Eine zwei- bis mehrjährige Staude, die bis zu 150 cm hoch wird, mit großen, bis zu 100 cm lang werdenden gefiederten Blättern mit weißen Schirmdolden (von Juni bis Oktober).
Standort: Freifläche. Meist auf sonnigen bis halbschattigen Wiesen mit einem feuchten Lehmboden.
Ernte: Die Blätter von März bis September, die Stängel von April bis Juni, die Blütenstände von Mai bis August und die Früchte von Juli bis Oktober.
Verwendung in der Küche: Die noch jungen, gekräuselten Blätter roh, gehackt in Salate. Die großen Blätter eignen sich für Aufläufe etc., sie haben einen ausgeprägten Geschmack. In Polen wurden die Blätter früher zu einer Art Sauerkraut milchsauer vergoren und als wichtiger Bestandteil von „Borschtsch" (Nationalgericht) verwendet. Die Stängel können je nach Alter roh oder gekocht (etwa 8 Minuten) wie Mangold zubereitet werden, der Geschmack soll süßlich sein, mit einem Beigeschmack von Mandarine und einem Hauch Kokosnuss. Die dicken Knospen werden wie Spargel zubereitet, sie sollen köstlich schmecken. Die flachen Flügelfrüchte haben einen scharfen Geschmack und können zum Würzen von Getreide- und Kartoffelgerichten verwendet werden (COUPLAN 1998: 56f). In Sibirien werden die Blattstiele in der Sonne getrocknet und dann gebündelt gelagert, bis sie eine gelbe Farbe erhalten. Bilden sich nach einiger Zeit eine Art Zuckerkristalle auf den Stielen, werden sie als Delikatesse verspeist (PHILLIPS 1983: 50f).
Anbau: Aussaat im April/Mai, selbstaussäend.
Zierwert: Blattschmuck, ornamentale Großstaude für eher flächige Pflanzungen.
Herkunft: Europa bis Sibirien, N-Afrika, im nordöstlichen N-Amerika eingebürgert.
Besonderheiten: In Europa gibt es 8 weitere Bärenklauarten, die von ihrem Aussehen sehr ähnlich sind und auf die gleiche Art und Weise verwendet werden können. Die Bärenklauwurzel hat ähnlich verjüngende Wirkungen wie die Ginsengwurzel. Die verschiedenen Bärenklauarten enthalten Furanocumarine, Stoffe, die insbesonders im Zusammenhang mit Sonneneinstrahlung Hautausschläge hervorrufen, jedoch ist das in erster Linie bei dem Riesenbärenklau *Heracleum mantegazzianum (syn. H. giganteum)* zu erwarten (COUPLAN 1998).
Bezug: Wildstaudengärtnereien.

Heracleum sphondylium, Bärenklau

Humulus lupulus, Hopfen

Humulus lupulus, Hopfen (Farbabb. S. 63)

Humulus lupulus, Hopfen *Moraceae*

Beschreibung: Starkwüchsige Kletterpflanze, wächst bis zu 7 m im Jahr, hat sattgrüne Blätter und gelblichgrüne Blüten in Rispen.
Standort: Gehölzrand. Schattig bis sonnig. Feuchter bis nasser, nährstoffreicher, sandiger oder reiner Ton- und Lehmboden.

Lepidium latifolium, Breitblättrige Kresse (Farbabb. S. 64)

Mertensia maritima, Austernpflanze (Farbabb. S. 64)

Montia perfoliata, Winterpostelein

Ernte: Im Frühjahr, je nach Witterung von Mitte März bis Mitte April, wenn die noch creme- bis blaßgelbfarbene Sprosse max. 8 cm lang und mehr als 4 mm dick sind. Wenn sie grün werden, schmekken sie etwas bitter. Die Triebspitzen sollten bei der Ernte noch fest geschlossen sein. Nach der Ernte bilden sich erneut junge Triebe, und die Erntesaison wird dadurch verlängert. Die Hopfen werden im September/Oktober geerntet.
Verwendung in der Küche: Die Sprosse werden gedünstet oder gekocht (etwa 7 Min.). Der Geschmack erinnert an grünen Spargel, jedoch mit einem nussigen Beigeschmack. Paßt gut zu Fisch und Schalentieren (LESTRIEUX & BELDER 2000: 9).
Anbau: Vegetative Vermehrung, um weibliche Pflanzen zu erhalten, welche die Hopfenzapfen (für Bier, Tee, etc.) tragen, oder Aussaat. Diese Staude braucht in der Regel 2 Jahre um sich zu etablieren (RÜHLEMANN 2001: 55). Im kommerziellen Anbau werden die Wurzelstöcke im Herbst mit Erde angehäufelt, um im Frühjahr die gebleichten Sprosse freizulegen (LIEBSTER 122ff). Doch nach eigenen Erfahrungen sind die ungebleichten Sprosse mit einer dunkelgrünen Farbe durchaus schmackhaft und nicht bitter.
Zierwert: Relativ unscheinbare Kletterpflanze. Eine Zierform mit leuchtend gelben Blättern ist *H. lupulus 'Aureus'*.
Herkunft: Heimisch.
Besonderheiten: War im Mittelalter ein geschätztes Gemüse. Es gibt verschiedene Sorten mit verschiedenen Geschmackstendenzen für die Bierherstellung.
Bezug: Baumschulen, Kräutergärtnereien.

Lepidium latifolium, Breitblättrige Kresse *Cruciferae*

Beschreibung: Diese ausdauernde Kresse wird bis 100 cm hoch, mit länglichen, ovalen Blättern und unscheinbaren, weißen Blüten im Juni/Juli.
Standort: Freifläche. Sonniger bis absonniger Platz mit einem nährstoffreichem, feuchtem Boden, der auch salzhaltig sein kann.
Ernte: Junge Blätter im Frühjahr, ältere Blätter im Sommer und die Wurzeln im Herbst.
Verwendung in der Küche: Junge Blätter roh wie die einjährige Kresse verwenden, ältere Blätter können als Gemüse gekocht, und die Wurzeln wie Meerrettich genutzt werden (RÜHLEMANN 2001: 66).
Anbau: Bildet Wurzelausläufer und kann durch Wurzelteilung vermehrt werden.
Zierwert: Unscheinbar.
Herkunft: Küsten N-W-Europas.
Besonderheiten: Wurde früher in Mitteleuropa als Gewürzpflanze gezogen (EBEL 1990: 9).
Bezug: Kräutergärtnereien.

Mertensia maritima, Austernpflanze *Boraginaceae*
Beschreibung: Die kriechende Staude wird etwa 20 bis 30 cm hoch, mit blauen Blüten von Mai bis September und blaugrün bereiften, glatten, sukkulenten Blättern.
Standort: Freifläche. Naturstandort sind Kiesstrände. Sonnig mit einem humosen Boden, winterhart bis - 20°C oder darunter (PHILLIPS & RIX 1992: 73).
Ernte: Die Blätter und Stiele in der Vegetationszeit.
Verwendung in der Küche: Die Blätter und Stiele haben einen delikaten Geschmack nach Austern, mit einem Beigeschmack von Champignons und Boretsch, sie können roh gegessen werden (RÜHLEMANN 1999: 7).
Anbau: Aussaat.
Zierwert: Dauerblüher mit dekorativem Blattwerk.
Herkunft: Nord-Europa, Nord-Ost-Amerika.
Besonderheiten: Bienenstaude.
Bezug: Kräutergärtnereien.

Nasturtium officinale, Brunnenkresse (Farbabb. S. 97)

Montia sibirica, Sibirischer Winterportulak *Portulacaceae*
Beschreibung: Etwa 25 bis 30 cm hohe, wintergrüne Staude mit schönen rosa Blüten im April/Mai.
Standort: Gehölz. Schattig bis hallbschattig mit einem mäßig feuchten, humusreichen Boden.
Ernte: Die Blätter ganzjährig, im speziellen in den Wintermonaten, wenn schneefrei. Die Blüten im April/Mai.
Verwendung in der Küche: Die Blätter und Blüten roh als Salatbeigabe oder gekocht wie Spinat. Die Blätter schmecken mild, mit einem leichten Nachgeschmack nach Roter Bete (FERN 2000: 207).
Anbau: Vermehrung durch Selbstaussaat.
Zierwert: Winterlicher Bodendecker mit interessantem Laub.
Herkunft: N-Amerika, Alaska bis Kalifornien, östlich Montana bis Utah, in Holland und England eingebürgert.
Bezug: z.B. bei Otzberg Kräuter und Rühlemann.

Nasturtium officinale, Brunnenkresse

Nasturtium officinale, Brunnenkresse *Cruciferae*
Beschreibung: Kulturpflanze, die 20 - 80 cm hoch wird, bildet kriechende und aufrechte Sprosse mit gefiederten Blättern, die von Mai bis Oktober Trauben weißer Blüten mit gelben Staubbeuteln tragen.
Standort: Wasser, fließend, obwohl sie auch unter einem tropfenden Wasserhahn oder im Gartenteich gedeihen. Der Platz sollte schattig bis halbschattig sein mit nährstoffreichem Boden u. hoher Luftfeuchtigkeit. Winterhart bis - 10°C, wenn es kälter wird, mit Laub abdekken (RÜHLEMANN 1999: 45). Naturstandort sind Quellen oder Bäche.
Ernte: Die dicklichen Blätter an warmen Quellen über den ganzen Winter bis in den Mai (FRANKE 1976: 215). Ansonsten ist die Haupwachstumszeit im Frühjahr und im Herbst.

Nasturtium officinale, Brunnenkresse

Verwendung in der Küche: Die rohen Blätter als Salat. Gehackte Blätter ein paar Minuten an der Luft liegen lassen, bevor sie weiterverarbeitet werden, dann sind sie leichter verdaulich.
Anbau: Aussaat oder Stecklinge im Frühjahr und Herbst.
Zierwert: Liebhaberstaude, Blattschmuck.
Herkunft: Kosmopolit.
Besonderheiten: In Erfurt wurde seit dem 17. Jahrhundert Brunnenkresse in großen Mengen kultiviert, die Grundlage waren warme Quellen, an denen Grabensysteme angelegt wurden (SETTEGAST 1900: 666).
Bezug: z.B. bei Hof Berg-Garten, Otzberg Kräuter und Rühlemann.

Ornithogalum pyrenaicum, Pyrenäen-Milchstern *Liliaceae*

Beschreibung: Geschützte Art. Etwa 60 cm hohes Zwiebelgewächs. Hat im Juni Blütentrauben mit weißen, sternförmigen Blüten an langen Stielen.
Standort: Freifläche. Auch im Bereich Steinanlagen. Warmer, sonniger Platz mit einem durchlässigen, mineralreichen Boden, der sommertrocken ist.
Ernte: Die Blütenstiele werden im Mai im Knospenstadium geerntet.
Verwendung in der Küche: Wie Spargel verarbeiten. Der Geschmack gleicht dem von Spargel, ist etwas milder und feiner (LESTRIEUX & BELDER 2000: 53).
Anbau: Vermehrung durch Teilung der Zwiebeln, Pflanzung im Herbst 10 cm tief. Keine Entnahme aus der freien Natur, da geschützt.
Zierwert: Schöner Frühjahrsgeophyt.
Herkunft: Südl. M- und S-Europa, Kaukasus, Vorderasien.
Besonderheiten: Wurde und wird in einigen Ländern als Ersatz für Grünspargel angebaut. Vor allem in England wird der Gemeine Milchstern *Ornithogalum umbellatum* verzehrt, diese Art wird etwa 20 cm hoch und hat weiße Blüten im April/Mai, der Geschmack soll jedoch etwas bitter sein. Kochwasser nicht verwenden. Es sollen auch noch andere *Ornithogalum*-Arten essbar sein (DAHL 1999: 26).
Bezug: Schwierig, jedoch gibt es *O. umbellatum* und andere Arten z.B. bei Fa. Hoch.

Ornithogalum umbellatum, Gemeiner Milchstern

Phytolacca americana, Kermesbeere (Farbabb. S. 98)

Phytolacca americana, Kermesbeere *Phytolaccaceae*

Beschreibung: Etwa 150 cm hoch, mit weißen Blütenrispen von Juli bis August und später erst rote, ins Schwarze übergehende auffällige Fruchtkolben.
Standort: Gehölz. Lichter Schatten mit einem nährstoffhaltigen, mäßig feuchten Boden.
Ernte: Die frischen Triebe und jungen Blätter im Frühjahr. Ältere Blätter, Samen und Wurzeln können toxisch sein. Über die Genießbarkeit der Früchte gibt es widersprüchliche Aussagen.

Verwendung in der Küche: Die jungen Triebe gelten in Amerika als Delikatesse und werden wie Spargel zubereitet. Um die in den Trieben enthaltenen Giftstoffe zu entfernen, wird das Kochwasser gewechselt. Sie werden zuerst 15 Minuten gekocht, und dann noch einmal 20 Minuten in frischem Wasser gegart (Rühlemann 2001: 62). Junge Blätter können wie Spinat zubereitet werden, wobei das erste Kochwasser ebenfalls abgeschüttet werden soll (Fern 2000: 112).
Anbau: Aussaat.
Zierwert: Imposante Beerenschmuckstaude für Einzelstellung.
Herkunft: Nord-Amerika: Neuengland, Quebec, N.Y. und Ontario, südlich bis Florida u.Texas; in S-Europa und N-Afrika eingebürgert.
Besonderheiten: In S-Europa werden die saftigen, beerenartigen Früchte zum Färben von Speisen u. Rotwein genutzt (Ebel 1990:80).
Bezug: Stauden- und Kräutergärtnereien.

Plantago coronopus, Hirschhornwegerich *Plantaginaceae*

Plantago coronopus, Hirschhornwegerich (Farbabb. S. 98)

Beschreibung: Etwa 30 bis 40 cm hohe Wildstaude mit rosettenartig angeordneten, fleischigen Blättern, deren Form an Hirschhörner erinnert, mit einfachen Stängeln, die an ihrem Ende eine dicke Ähre mit unscheinbaren Blüten tragen.
Standort: Gehölzrand. Halbschattiger Standort mit einem eher trockenen, sandig-humosen Boden.
Ernte: Die Blätter können ganzjährig geerntet werden.
Verwendung in der Küche: Die fleischigen Blätter haben einen angenehm würzigen, leicht bitteren Geschmack (Arche Noah 2001: 114). Jung als Salatzugabe, ansonsten können sie als Gemüse gekocht werden (Pro Specie Rara 2001: 44). Nach eigenen Erfahrungen sehr lecker im Geschmack.
Anbau: Aussaat im August. Problemlose Kultur, sät sich selbst aus. Die Blütenstände der heimischen Wegericharten können nach kurzem Aufkochen in Essig als „saures Gemüse" eingelegt werden. Ob sich auch die Blütenstände des Hirschhornwegerichs dazu eignen, ist nicht bekannt.
Zierwert: Unscheinbarer Bodendecker.
Herkunft: Wildwachsend an Meeresküsten Südeuropas.
Besonderheiten: In Italien findet man Hirschhornwegerich auf der Speisekarte unter der Bezeichnung „minutina o erba stella", dort ist er ein sehr geschätztes Blattgemüse und auch Bestandteil der als „misticanza" bekannten Mischsalate (Liebster 1990: 295f). Außerdem traditionell als Salat zu „Saltimbocca (Kalbsschnitzel) alla romana". Alle Wegericharten sind als Salat oder als Gemüse essbar, wie z.B. der weitverbreitete Spitzwegerich *Plantago lanceolata*. In Küstengebieten gelten die in Öl angebratenen Blätter und Fruchtstände des Strandwegerichs *Plantago maritima* als Delikatesse (Henschel 2002: 192).
Bezug: Kräutergärtnereien.

Plantago coronopus, Hirschhornwegerich

Polygonum bistorta , Wiesenknöterich *Polygonaceae*

Polygonum bistorta, Wiesenknöterich

Beschreibung: Heimischer Knöterich, der bis zu 1 m hoch wird, mit länglich-eiförmigen, unterseits bläulichgrünen Blättern und rosa Blütenkerzen von Mai bis Juli.
Standort: Freifläche. Sonniger bis absonniger Platz mit einem frischen bis feuchten Boden.
Ernte: Die jungen Blätter können in der Vegetationszeit immer wieder geerntet werden, da die Pflanze gut nachwächst.
Verwendung in der Küche: Die Blätter und ihre dicken Blattadern ergeben einen köstlichen Spinat (DAHL 1999: 26).
Anbau: Freilandaussaat möglich, stark wuchernd und robust.
Zierwert: Wertvolle Wildstaude. Blütenschmuck, Vorsommerblüher, geeignet für feuchte Stellen, z.B. Uferrand.
Herkunft: Eurasien.
Besonderheiten: Eine kräftigere Auslese ist *P. bistorta 'Superbum'* mit einem attraktiven Blütenstand. Die kurze, kriechende Grundachse des Wiesenknöterich ist sehr stärkereich und wurde deswegen in manchen Ländern (Sibirien, Island usw.) geröstet gegessen oder auch zu einem Mehl verarbeitet (DIELS 1918: 60).
Bezug: Sorten in Staudengärtnereien, Wildformen in Wildstauden- und Kräutergärtnereien.

Pteridium aquilinum, Adlerfarn *Hypolepidaceae*

Pteridium aquilinum, Adlerfarn

Pteridium aquilinum Adlerfarn (Farbabb. S. 99)

Beschreibung: Starkwüchsiger, herdenbildender Farn, der bis zu 3 m hoch wird und sommergrüne, adlerflügelartige Blätter hat.
Standort: Gehölz. Halbschattige Plätze (lichter Schatten) mit einem mäßig trockenen bis frischen, sauren, humosen Boden.
Ernte: Die jungen, zarten, kreuzförmigen Triebe von März bis Mai (sie müssen noch eingerollt sein und sich leicht mit den Fingern abbrechen lassen). Der Wurzelstock kann fast ganzjährig geerntet werden, vorzugsweise im Herbst/Winter.
Verwendung in der Küche: Die Triebe gelten in China als ein mildes, schleimführendes Gemüse (SCHNEEBELI-GRAF 1992: 22), sie können gekocht wie Spargel serviert werden. Der Wurzelstock wurde in früheren Zeiten zu Mehl gemahlen und zu Brot oder Brei verarbeitet (COUPLAN 1998: 136f). Die Pflanze enthält karzinogene Stoffe, welche bei regelmäßigem Verzehr Tumore verursachen können (ROTH et al. 1994)
Anbau: Breitet sich durch Ausläufer sehr stark aus.
Zierwert: Blattschmuckstaude f. großflächige, naturnahe Pflanzungen
Herkunft: Europa, Kosmopolit.
Besonderheiten: In Europa wurde der Adlerfarn für andere Zwecke genutzt, z.B. als Streu für den Stall und auch als Viehfutter. Des weiteren zur Herstellung einer laugensalzhaltigen Asche für Glashütten und Seifensiedereien. Außerdem wurden Leinwände mit der Asche gebleicht (CHAMISSO 1987: 299). Der Trichterfarn *Matteuccia*

struthiopteris kann in gleicher Weise verwendet werden (SCHNELLE & RUBEN 2001: 27), er wird nur etwa 1 m hoch und vergilbt bei trockenem Stand recht früh im Herbst.
Bezug: z.B. bei Wildstaudengärtnerei Strickler.

Rheum rhabarbarum, Rhabarber *Polygonaceae*

Beschreibung: Bekannte Staude mit einer cremefarbenen Blüte bis zu 2 m hoch und sattgrüne, sehr große Blätter mit meist roten Stielen.
Standort: Gehölzrand. Sonniger bis halbschattiger, warmer Standort, mit einem nährstoffreichen, feuchten, lockeren Boden ohne Staunässe.
Ernte: Die Blattstiele Mai bis Juni. Ein- bis zweimal pro Woche wenige Stiele von jeder Pflanze mit Stumpf herausziehen, weil zurückbleibende Stümpfe faulen. Ende Juni die Ernte beenden, so dass die Pflanze Nährstoffe in die Wurzel aufbauen kann (BERLING et al. 1997: 316). Die noch geschlossenen Knospen im Mai/Juni.
Verwendung in der Küche: Die Blattstiele werden geschält und roh, gekocht oder gebacken für Süßspeisen verwendet. Die Knospen können wie Brokkoli gedünstet werden und behalten einen leicht säuerlichen Rhabarbergeschmack (ARCHE NOAH 2001: 66).
Anbau: Durch vegetative Vermehrung (Wurzelstockteilung) im Mai können gezielt Pflanzen mit bestimmten Eigenschaften erhalten werden. Durch Aussaat im März/April, z.B. in ein kaltes Mistbeet, entstehen oft Pflanzen mit dünneren Stängeln, die im Folgejahr nach den letzten Frösten verpflanzt werden können. Es ist auch eine Direktaussaat im Frühjahr möglich, die Samen sollten vorher 24 Stunden eingeweicht, und 1 Zoll tief in den Boden eingebracht werden, auch selbstaussäend (SCHUBARTH 1825: 529ff). Zeit von der Pflanzung bis zum Erntebeginn wenigstens 2 Jahre.
Zierwert: Blattschmuck, großblättrige Solitärstaude.
Herkunft: Ost-Sibirien, Dahurien bis Nord-China, Mandschurei.
Besonderheiten: Es gibt verschiedene Sorten mit extrem starken Stielen, die ein Gewicht bis zu 700 g haben, wie z.B. die Schweizer Sorte 'Olbrichs Riesen' oder auch Sorten mit einem höheren Zuckergehalt und einem niedrigen Oxalsäuregehalt wie z.B. 'Elmsjuwel'. Allgemein ist festzustellen, dass die grünfleischigen Sorten stärkere Stiele haben, jedoch auch einen höheren Oxalsäuregehalt als die rotstieligen und rotfleischigen Sorten (LIEBSTER 1990: 202). Um 1830 wurden die gebleichten, getriebenen Stängel als Wintergemüse auf Londoner Märkten verkauft, siehe *Crambe maritima* (PHILLIPS & RIX 1994: 66).
Bezug: In fast jeder Gärtnerei gibt es Pflanzen, Saatgut gibt es z.B. bei Dreschflegel.

Rheum rhabarbarum, Rhabarber (Farbabb. S. 99)

Rumex sanguineus var. sang. Blutampfer (Farbabb. S. 100)

Rumex patientia, Gemüseampfer

Rumex patientia, Gemüseampfer *Polygonaceae*

Beschreibung: Schnellwüchsiger Sommerampfer, der über 1 m hoch werden kann. In Österreich und der Schweiz geschützte Art.
Standort: Freifläche - Gehölz. Sonniger bis halbschattiger Standort mit einem nährstoffreichen, eher schweren, feuchten Boden.
Ernte: Blätter ab Februar, ganzjährig.
Verwendung in der Küche: Die Blätter enthalten nicht so viel Oxalsäure wie die anderen Sauerampferarten, jedoch ist bei der Zubereitung wie Spinat (z.B. zu Fisch) zu empfehlen, das erste Kochwasser abzugießen. Ansonsten ist Gemüseampfer als Salat zu verwenden, kann in Butter gedünstet oder in Beignets-Teig fritiert werden.
Anbau: Aussaat im April oder September, oder durch bewurzelte Triebstücke.
Zierwert: Blattschmuckstaude, große bis 30 cm lange Blätter.
Herkunft: Östliches Mitteleuropa, Süd-Ost-Europa bis Vorderasien.
Besonderheiten: Es gibt eine Vielzahl an Ampferarten. Sie haben in der Regel wegen ihrem Oxalsäuregehalt einen säuerlichen Geschmack und können deshalb nur in geringen Mengen gegessen werden, wie z.B. als Salatzugabe oder in Suppen. Doch bieten sie schöne Blätter mit verschiedenartigen Strukturen und Farben. Beispiele sind der Schildampfer *R. scutatus* mit kleinen, schildförmigen Blättern und der silberne Römische Ampfer *R. scutatus ssp.* mit größeren, etwas sukkulenten Blättern mit silbriger Farbe. Eine besondere Zierde ist der Blutampfer R. *sanguineus var. sang.* mit grünen, von dunkelroten Blattadern durchzogenen Blättern. Und letzendlich noch der Krauser Ampfer *Rumex crispus* mit gelblichgrünen, gekrausten Blättern und einem ungewöhnlich roten Fruchtstand (Rühlemann 2000: 13f). Zu erwähnen ist *Rumex alpina*, eine bis 1 m hohe Art, die von Februar bis Dezember sehr schmackhafte Blätter für Salate oder gedünstet wie Spinat hat (Fern 2000: 113).
Bezug: Kräutergärtnereien, Sortenerhalter und z.B. bei Dreschflegel.

Sedum reflexum, Tripmadam

Sedum reflexum, Tripmadam *Crassulaceae*

Beschreibung: Etwa 15-20 cm hohe Staude mit polsterartigen Blatttrieben und aufrechten Blütentrieben, die mit vielen kleinen dicken, fast nadelartigen Blättern besetzt sind, mit gelben Blüten in lockeren Trugdolden im Juli/August. Die Farbe der Blätter variiert je nach Sorte von grün bis blaugrau.
Standort: Steinanlagen. Sonnige, trockene Plätze zwischen Gestein mit einem basenreichen, lockeren Sand- oder Steinboden. Im Bezug auf Boden und Lichtverhältnisse sehr tolerant.
Ernte: Die Spitzen der nichtblühenden Stängel und die abgestreiften, jüngeren Blätter fast ganzjährig. Die jungen Blütenstände im Sommer.
Verwendung in der Küche: Die jungen Blätter roh in Salate, die Sprosse und Blütenstände als Gemüse gekocht oder als die früher in manchen Gegenden beliebte „Tripmadamsuppe"(Diels 1918: 30f).

Der Geschmack soll relativ neutral sein, die Inhaltsstoffe jedoch sehr mineralreich (Rühlemann 2000: 125).
Anbau: Kurze Triebstücke, die sehr leicht bewurzeln.
Zierwert: Sommerblühender Bodendecker, immergrün.
Herkunft: M-, S-Europa, Norwegen, Ukraine.
Besonderheiten: Die kräftigeren, grünblättrigen Formen wurden früher in westeuropäischen Gärten als Gemüse angebaut und von Privatgärtnern zu hohen Preisen verkauft (Diels 1918). Die unter Naturschutz stehende Rosenwurz *Rhodiola rosea*, auch unter *Sedum roseum* bekannt, kann in gleicher Weise als Gemüse genutzt werden (Schnelle & Ruben 2001: 41). Sie mag eher einen frischeren, absonnigen Platz im Garten. In Russland wurde entdeckt, dass die Rosenwurz ähnliche Wirkung auf den menschlichen Organismus hat wie Ginseng, sie bringt die Energien im Körper wieder ins Gleichgewicht und unterstützt so die Genesung nach einer Erkrankung (Rühlemann 2000: 101). Ansonsten sind weitere Sedum-Arten essbar, ein Beispiel wäre *Sedum telephium* die Fetthenne, ihre Blätter und jungen Triebe (in der Form ähnlich dem Rosenkohl) können auch als Salat oder als Gemüse zubereitet werden, am besten gemischt mit anderem Gemüse. Außerdem hat sie knollige, stärkehaltige Wurzeln, die sehr nahrhaft sein sollen. Sie können roh an Salate gegeben, oder als Gemüse gekocht werden (Diels 1918: 31).
Bezug: In den meisten Staudengärtnereien erhältlich, ansonsten z.B. bei Otzberg Kräuter, Rühlemann und Strickler.

Sedum telephium, Fetthenne, Blätter

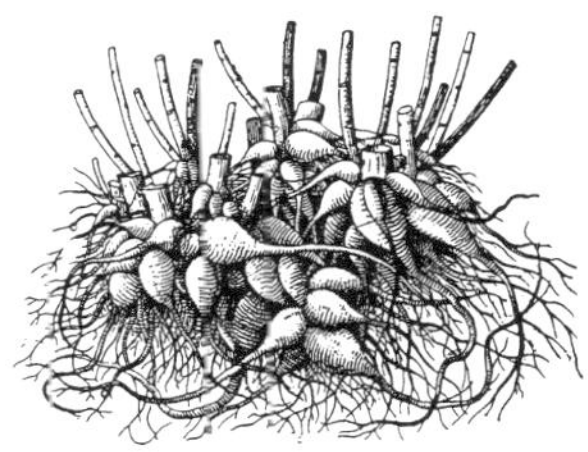

Sedum telephum, Fetthenne, Triebe

Symphytum officinale, Beinwell *Boraginaceae*

Beschreibung: Die auch wilder Comfrey genannte Staude wird etwa 60 cm hoch, mit breit und länglich geformten Blättern, die bis zu 40 cm lang werden können und in einem satten Grün leuchten. Von Mai bis Juli erscheinen die glockenartigen, violetten Blüten.
Standort: Gehölz - Freifläche. Sonnig bis schattig, mit einem nährstoffreichen, feuchten Boden.
Ernte: Die Blätter von April bis September.
Verwendung in der Küche: Junge Blätter als Salatzutat, ansonsten als Gemüse oder zum Eindicken von Suppen geeignet wegen des hohen Gehalts an Schleimstoffen. Ein besonders schmackhaftes Rezept sind die eingerollten Blätter in Bierteig gebacken, sie sollen wie Seezungenfilets schmecken. Die zarten Stängelspitzen und Blattstängel können wie Spargel zubereitet werden. Nach manchen Berichten sind große Mengen Beinwells wegen des in ihm enthaltenen Alkaloides leberschädigend. Doch nach anderen Untersuchungen an Menschen ist der gelegentliche Verzehr absolut unbedenklich, es sind keine Vergiftungsfälle bekannt (Couplan 1998: 108ff).
Anbau: Aussaat, leicht durch Teilung vermehrbar. Starkwüchsig.
Zierwert: Blatt- und Blütenschmuck.
Herkunft: Europa, W-Asien.

Symphytum officinale, Beinwell (Farbabb. S. 100)

Symphytum officinale, Beinwell

Besonderheiten: Versuche in Großbritanien haben ergeben, dass ein Beinwellfeld von einem Hektar ungefähr achtmal soviel Eiweiß liefert wie ein Getreidefeld der selben Größe und fünzigmal soviel wie das Vieh, das auf einer ebenso großen Weidefläche gehalten werden kann. Die Proteine im Beinwell sind durch ihre ausgewogene Aminosäurestruktur biologisch hochwertig und mit tierischen Eiweiß vergleichbar. Auch das Vitamin B 12, von dem man früher annahm, dass es nur in tierischen Produkten vorkommt, ist im Beinwell enthalten (COUPLAN 1998). Es gibt verschiedene Arten und Sorten. Den besten Geschmack und Nährwert soll der 'Russische Comfrey Bocking No. 4' *Symphytum x uplandicum* haben, eine amerikanische Zuchtform mit hohem Eiweißgehalt (RÜHLEMANN 1999: 18). Dagegen sollen Wildformen einen sehr bitteren Geschmack aufweisen können. Es besteht der Verdacht, daß die Pflanze bei übermäßigem Verzehr kanzerogen wirkt (ROTH et al. 1994).
Bezug: Wildform und Züchtungen für den Verzehr gibt es bei Kräuter- u. Wildstaudengärtnereien, ansonsten sind in Staudengärtnereien Arten und Sorten mit besonderen Blüteneigenschaften erhältlich.

Taraxacum officinale, Löwenzahn

Taraxacum officinale, Löwenzahn *Asteraceae*

Beschreibung: Stängellose Pflanze mit gelben Blüten und gezähnten Blättern, die sich in einer Grundrosette entfalten. Alle Pflanzenteile enthalten einen weißen Milchsaft. Die Erscheinungsform und die Größe kann sehr unterschiedlich sein.
Standort: Freifläche (Wiesen). Sonniger bis halbschattiger Platz, ansonsten sehr anpassungsfähig
Ernte: Junge Blätter ab Frühjahr, bevor das Kraut zu blühen beginnt. Von April bis September die Knospen und die Blüten. Die Pflanze kann auch gebleicht oder wie Chicorée im Winter getrieben werden. Auch die Wurzeln sind essbar.
Verwendung in der Küche: Blätter wie Spinat zubereiten oder als Salat, leicht bitterer Geschmack. Knospen geschmort zu Rührei, Suppe etc. oder auch als Kapernersatz in Salz und Essig (NICKIG & RAU 1995: 72f). Blüten zum Ansetzen von diversen Getränken wie z.B. Löwenzahnwein, Löwenzahnsprudel oder Löwenzahnhonig (LESTRIEUX & BELDER 2000: 27ff). Wurzeln sechs bis acht Minuten in Salzwasser kochen (STORL 2000: 164). Sie enthalten im Herbst bis zu 40 Prozent Inulin und dienten früher geröstet als Kaffee-Ersatz. (FRANKE 1976: 109).
Anbau: Aussaat, versamt sich leicht. Wird die Pflanze schon im Herbst mit Steinen oder Brettern bedeckt, gibt es im zeitigen Frühjahr vergeilte, weißliche Blätter, die einen vorzüglichen Salat ergeben (FRANKE 1976).
Zierwert: Blattschmuck, markante Blattstruktur und Blütenschmuck, auffällige Blüte. Jedoch stark mit Vorurteilen behaftet, da es als gängiges Unkraut gilt.

Taraxacum officinale, Löwenzahn (Farbabb. S. 100)

Herkunft: Europa.
Besonderheiten: Die Zuchtform *Taraxacum officinale sativum* hat größere, fleischigere Blätter, die weniger bitter sind.
Bezug: Kulturform z.B. bei Dreschflegel, Otzberg Kräuter, Rühlemann und Strickler, die Wildform z.B. bei Hof Berg-Garten.

Typha latifolia, Breitblättrige Rohrkolben *Thypaceae*

Beschreibung: Schilfartige Staude, die bis etwa 2 m hoch wird, mit langen, linealen Blättern und Blüten im Juli/August, die sich zu einem walzigen, schwarzbraunen Kolben zusammensetzen.
Standort: Wasser - Ufer- und Sumpfbereich, sonnig.
Ernte: Die Sprosse im Frühjahr, die Blüten im Juli/August und die Rhizome im Herbst und Winter.
Verwendung in der Küche: Die Sprosse wie Spargel zubereiten, die Blütenkolben kochen und wie Zuckermaiskolben verzehren, die Rhizome können als Gemüse gekocht werden (LIEBSTER 1990: 206). In Notzeiten wurde aus den Rhizomen ein Mehl hergestellt, das unter Beimischung von Getreidemehl zum Brotbacken verwendet wurde (FRANKE 1976: 79).
Anbau: Aussaat und Wurzelteilung, bildet stark Ausläufer.
Zierwert: Blatt- und Fruchtschmuck. Wertvolle Wildstaude und Schnittpflanze.
Herkunft: Nördliche Halbkugel, Australien, Polynesien.
Besonderheiten: Für die Ernährung der nordamerikanischen Indianer und der ersten europäischen Einwanderer war der Rohrkolben eines der wichtigsten Gemüse (LIEBSTER 1990). Der schmalblättrige Rohrkolben *Typha angustifolia* ist in gleicher Weise verwendbar (SEMAR 1989: 55).
Bezug: In Staudengärtnereien mit Wasserpflanzensortiment, z.B. bei Kayser und Seibert, sowie in Wildstaudengärtnereien.

Typha latifolia, Breitblättrige Rohrkolben *(Farbabb. S. 100)*

Urtica dioica, Große Brennessel *Urticaceae*

Beschreibung: Bekannte Wildpflanze, die bis 150 cm hoch wird, mit eirunden, gezähnten, dunkelgrünen Blättern, die bei Hautkontakt ein Brennen verursachen. Von Juni bis Oktober bilden die grünlichen Blüten locker herabhängende, eher unscheinbare Blütenstände.
Standort: Gehölzrand, sonnig bis schattig auf nährstoffreichen, stickstoffhaltigen Böden.
Ernte: Die jungen Triebe werden in erster Linie im Frühjahr geerntet, doch ist bei Rückschnitt eine fast ganzjährige Ernte möglich, verwendet werden die obersten vier bis sechs Blätter der Triebe, inklusive des Blattstiels und des Triebes.
Verwendung in der Küche: Brennesseln können roh gegessen werden, wenn man sie vorher sehr fein schneidet oder mit einem Nudelholz rollt, so dass die kleinen Brennhaare unschädlich gemacht werden.

Urtica dioica, Große Brennessel

Aegopodium podagraria, Giersch (Farbabb. S. 58)

Aegopodium podagraria, Giersch

Cochlearia officinalis, Löffelkraut

Ansonsten können die Blätter wie Spinat (z.B. Risotto) oder als Suppe zubereitet werden. Wichtig sind die richtigen Zutaten, z.B. für Suppe: Zwiebeln, Butter, Salz und Pfeffer oder für Spinat: Sahne und Curry. Getrocknet sind sie als Tee oder Gewürz verwendbar. Die Samen werden in Butter geröstet und sind eine wohlschmeckende Zutat.
Anbau: Aussaat, selbstaussäend. Verbreitet sich auch durch Wurzelausläufer.
Zierwert: Blattschmuck bedingt, da als Unkraut geläufig.
Herkunft: Europa, N-, M- u. O-Asien, N-Afrika.
Besonderheiten: Die Brennessel ist ein Heil- und Lebensmittel mit zahlreichen Qualitäten, so ist z.B. der Proteingehalt mit ungefähr 40 Prozent des Trockengewichtes fast doppelt so hoch wie bei der Sojabohne. Mein Lieblingsgericht ist die Brennesselsuppe meiner Freundin Iris: Die kleingehackten Blätter werden mit Zwiebeln und Knoblauch in Olivenöl angebraten, mit Wasser und Sahne gelöscht und dann püriert. Nachdem die Suppe mit Salz und Pfeffer abgeschmeckt ist, wird sie auf dem Teller mit kleinen Brotwürfeln bestreut, die vorher mit Butter und Knoblauch angebraten wurden. Die Suppe hat einen sehr delikaten Geschmack, der etwas an Muscheln erinnert. Doch kann die Brennessel auch roh verwendet werden, z.B. für köstliche Brotaufstriche aus kleingehackten Brennesseln mit Knoblauch, Olivenöl und Schafskäse. Oder man benutzt die Blätter als Bestandteil der verschiedenen Kräuter zur „Frankfurter Grünen Soße". Auch in Süßspeisen können Brennesseln in kleinen Mengen eine unvergleichliche Geschmacksnote geben z.B. in Kuchen, Waffeln etc. (COUPLAN 1998: 124).
Bezug: Wildstaudengärtnereien, Auslese z.B. bei Rühlemann und die kleine Brennessel *U. urens* z.B. bei Otzberg Kräuter.

Kurzbeschreibungen

Aegopodium podagraria, der Giersch, ist eines der schmackhaftesten Wildgemüse. Die jungen Blätter im Frühjahr roh als Salat, später nicht zu alte Blätter wie Spinat zubereiten. Giersch ist ein invasiver Bodendecker, der im halbschattigen bis schattigen Gehölz wächst. Die Pflanze wurde früher als Gemüse und auch als Heilkraut angebaut (COUPLAN 1998: 16f). Die weißbunte Form *A. podagraria 'Variegatum'* ist in gleicher Weise verwendbar. Diese Sorte wuchert etwas weniger (RÜHLEMANN 2000: 46). Beide haben wunderschöne weiße, zarte Blüten im Juni, welche auch essbar sind (FLEISCHHAUER 2003: 27). Mein Lieblingsrezept ist Spaghetti mit gedünstetem Giersch, gewürzt mit Knoblauch, Peperoni, schwarzen Oliven und Olivenöl, darüber etwas frischen Parmesan. Der Giersch in jeder Gartenecke zu finden. Er wird unerbittlich als Unkraut verfolgt. Durch mehrmalige Ernte erhält man fast ganzjährig frische Blätter.

Bezug: Die Wildform gibt es z.B. bei Strickler, die panaschierte Form z.B. bei Rühlemann.

Eryngium maritimum, Stranddistel (Farbabb. S. 63)

Cochlearia officinalis, das Löffelkraut, ist eine in Küstengebieten, überwiegend an nassen Standorten wachsende Staude, die etwa 30 cm hoch wird und im Mai/Juni weiße Blüten in Trauben hat und unter Naturschutz steht. Die jungen Blätter schmecken salzig-bitter, kresseartig und dienen roh als Beilage zu Salaten oder gekocht mit anderen Gemüsen. Der Geschmack ist mit dem für Sushi notwendigen Wasabia identisch. In arktischen Gebieten dienen verschiedene Cochlearia-Arten oft als einziges Gemüse (DIELS 1918: 29). *Cochlearia glastifolia* ist ausdauernder und weniger bitter im Geschmack (RÜHLEMANN 2000: 75).
Bezug: *C. officinalis* z.B. bei Dreschflegel, Hof Berg-Garten und Otzberg Kräuter, *C. glastifolia* z.B. bei Rühlemann.

Eryngium maritimum, Stranddistel

Eryngium campestre, das Feld-Mannstreu und *Eryngium maritimum,* die Stranddistel, stehen in Deutschland unter Naturschutz und dürfen nicht aus Wildbeständen entnommen werden. Aus den jungen Trieben kann ein spargelähnliches Gemüse oder ein Salat zubereitet werden, die tiefe Wurzel wurde früher kandiert als Nascherei verkauft. Die Wurzel vom Feld-Mannstreu hat einen angenehm süßlichen, nussartigen Geschmack, die Wurzel der Stranddistel schmeckt ebenfalls süßlich, allerdings etwas schärfer (DIELS 1918: 34f). Die Wurzeln können auch wie Möhren gegart werden (SCHNELLE & RUBEN 2001:13). Idealer Standort ist die Freifläche, sehr sonnig, warm, mit einem trockenen, tiefgründigen, durchlässigen Boden.
Bezug: *E. campestre* z.B. bei Grüner Tiger und Strickler, *E. maritim* z.B. bei Rühlemann.

Eryngium campestre, Feld-Mannstreu

Lamium album, die Taubnessel, wächst wohl in jedem Garten, meist an Heckenrändern und leider oft unerwünscht. Zwar naschen Kinder manchmal die köstlich süßen Blüten, ansonsten hat sich aber wohl noch nicht herumgesprochen, wie gut diese Pflanze schmeckt. Die jungen Blätter und die Blüten haben einen intensiven, champignonähnlichen Geschmack und verleihen jedem Salat eine ganz besondere Note. Ansonsten ist die Taubnessel auch gekocht oder als Suppe zu verwenden und hat einen zarten, angenehmen Geschmack.

Phragmites australis, das bekannte Schilf, die jungen Wurzeln sind etwas süß (5 Prozent Zucker). Sie können wie Kartoffeln zubereitet werden, die jungen Triebe vor dem Blattaustrieb geerntet sind wie Bambussprosse zu genießen (FERN 2000: 134).
Bezug: z.B. bei Strickler.

Phyteuma spicatum, die Teufelskralle, ist ein 20 bis 60 cm hohes Glockenblumengewächs mit gelblichweißen und manchmal auch

Lamium album, Taubnessel (Farbabb. S. 64)

Phragmites australis, Schilf (Farbabb. S. 97)

Phyteuma spicatum, Teufelskralle (Farbabb. S. 97)

hellblauen Blüten und großen, herzförmigen Blättern. Sie breitet sich schnell im feuchten Gehölzrand aus, auch durch Selbstaussaat. An feuchteren Stellen wächst sie auch in der Sonne. Im Mai/Juni ergeben die jungen, noch geschlossenen Blütenstände einen leckeren Spargel. Die Blätter sind roh als Salat und gekocht als Gemüse verwendbar. Die dicke, fleischige Wurzel schmeckt gekocht oder gebraten ähnlich wie Esskastanien (COUPLAN 1997: 74f).
Bezug: Pflanzen und Saatgut können in Wildstaudengärtnereien bezogen werden.

Polygonatum multiflorum, der Salomonsiegel, ist eine etwa 60 cm hohe dekorative Waldstaude mit weißen Blütenglöckchen im Mai/Juni. Die jungen Triebe können spargelartig als Gemüse zubereitet werden, doch ist es ratsam, das erste Kochwasser abzuschütten, da die Pflanze Alkaloide enthält (DIELS 1918: 59f). Sie sollen sehr wohlschmeckend sein (SCHNELLE & RUBEN 2001: 33). Die Beeren können zu Erbrechen führen. Der Standort ist im lichten bis schattigen Gehölz, mit einem mäßig feuchten, humosen Boden. In gleicher Weise verwendbar sind *P. odoratum* und *P. verticillatum*.
Bezug: In Stauden- und Wildstaudengärtnereien.

Pulmonaria officinalis, das Lungenkraut, ist ein bekannter Frühjahrsblüher. Die jungen Blätter und Blüten lassen sich roh für Salate oder zum Dekorieren nutzen, die älteren Blätter werden als Gemüse zubereitet. Das Lungenkraut wird unter anderem als Heilkraut verwendet, insbesondere mit reizlindernder Wirkung für die Atemwege. Nach der Signaturenlehre deuten die weißen Flecken und die Äderung der Blätter auf das Lungengewebe hin (STORL 2000: 108). Der ideale Standort ist im Gehölz, halbschattig mit einem feuchten, humosen Boden. Die Blüten sind rosa bis lila und erscheinen im März/April (COUPLAN 1998: 136f).
Bezug: Züchtungen gibt es in jeder Staudengärtnerei, die Wildform ist in Wildstaudengärtnereien erhältlich.

Ranunculus ficaria, das Scharbockskraut, bildet im Frühjahr schöne sattgrüne Polster im lichten Schatten von Gehölzen. Die Blätter sind März/April für die ersten frischen Salate verwendbar. Zwar besitzen sie keinen besonders ausgeprägten Geschmack, doch haben sie einen hohen Vitamin C-Gehalt. Die Blätter sind nur bis zur Blüte verwendbar, da die Pflanze dann anfängt, Alkaloide zu bilden (SCHNELLE & HIENER 2002: 36).
Bezug: Eine Quelle für Saatgut ist mir nicht bekannt, aber Scharbockskraut wächst ja nun wirklich in jedem Garten.

Veronica beccabunga, die Bachbunge, wird 20 bis 30 cm hoch. Sie hat 3-5 cm lange, eiförmige, fleischige Blätter und hellblaue Blüten von Mai bis September. Wächst im sonnigen bis halbschattigen fla-

chen Wasser. Die Blätter dienen als Salatzutat (STORL 1982: 279) und gehörten früher zu den Frühlingskräutern „Grüne Neune", mit denen der Körper nach dem Winter wieder in Schwung gebracht wurde (STORL 2000: 344). Die Triebspitzen können wie Spinat verarbeitet werden, der Geschmack ist wenig charakteristisch (DIELS 1918: 15).
Bezug: Die Pflanze ist in Wildstaudengärtnereien erhältlich.

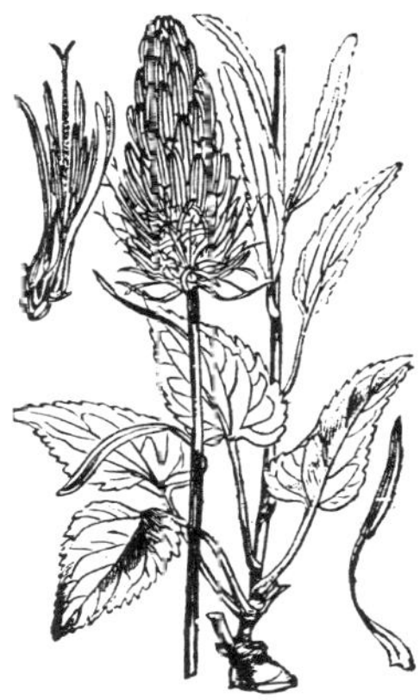

Phyteuma spicatum, Teufelskralle

Zweijährige und selbstaussäende Pflanzen

Alliaria petiolata, Knoblauchsrauke *Umbelliferae*

Beschreibung: Zwei- bis mehrjährige Pflanze, mit einem kräftigen, verzweigten Stängel und herzförmigen Blättern, die zwischen den Fingern zerrieben nach Knoblauch riechen. Die Blüte ist weiß.
Standort: Gehölzrand, an schattigen und kühleren Plätzen.
Ernte: Junge Sprosse und Blätter von März bis August. Blütenstände von April bis August und Samen ab Juni bis September (COUPLAN 1998: 18f).
Verwendung in der Küche: Die Blätter und die Blüten schmecken leicht süß, knoblauchähnlich, scharf und etwas bitter. Sie können als Zutat für Salate verwendet werden. Sie sollten nicht gekocht werden, da sie dann nur noch bitterer schmecken. Die Samen können wie Senfkörner verwendet werden.
Anbau: Aussaat, versamt sich.
Zierwert: Die Blüten bilden einen schönen hellen Blütenflor in schattigen Bereichen.
Herkunft: Europa.
Besonderheiten: Kann zu einem Pesto verarbeitet werden.
Bezug: Kräuter- und Wildstaudengärtnereien.

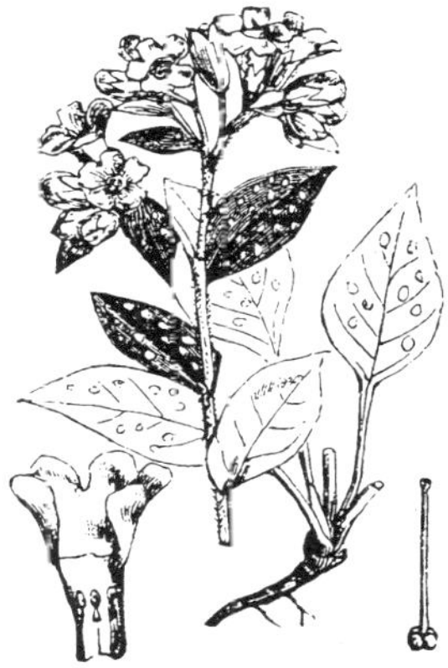

Pulmonaria officinalis, Lungenkraut

Amaranthus retroflexus, Fuchsschwanz *Amaranthaceae*

Beschreibung: Einjährige Pflanze, die etwa 80 cm hoch wird, mit großen, ovalen, hellgrünen Blättern, die an einem oft rötlichen Stängel sitzen. Die winzigen gelben Blüten (Juni bis September) drängen sich am Ende des Pflanzenstängels zu einer langen, dichten Rispe zusammen.
Standort: Beet. Sonniger Standort mit einem mäßig feuchten, nährstoffreichen Boden. Der Boden sollte nicht zu nitrathaltig sein, da die Pflanze Nitrat in gesundheitsbedenklichen Mengen anreichern kann (FERN 2000: 220).
Ernte: Die jungen Blätter ab Mai, die älteren Blätter bis September. Die Samen von August bis Oktober. Kurz vor der vollständigen Reife werden die Blütenstängel geschnitten, an einem trockenen, gut belüfteten Ort getrocknet und dann gedroschen.

Pulmonaria officinalis, Lungenkraut *(Farbabb. S. 98)*

Ranunculus ficaria, Scharbockskraut (Farbabb. S. 99)

Ranunculus ficaria, Scharbockskraut

Veronica beccabunga, Bachbunge,

Verwendung in der Küche: Die jungen Blätter haben einen wenig ausgeprägten Geschmack und eignen sich gut als Salat. Die älteren Blätter und die noch zarten Stängelspitzen ergeben, zubereitet wie Spinat, ein schmackhaftes Gemüse. Die Blätter haben einen hohen Gehalt an Mineralstoffen und Proteinen (etwa 35 Prozent des Trockengewichtes, also mehr als bei Sojabohnen). Zahlreiche Fuchsschwanzarten werden deshalb in einigen Ländern als wesentlicher Bestandteil der Nahrung angebaut. Die Samen können, zuvor eventuell geröstet, in Wasser gekocht werden, sie ergeben ein nahrhaftes Getreide (Couplan 1998: 22f).
Anbau: Aussaat von Ende April bis August, selbstausäend. Anspruchslos und leicht zu kultivieren.
Zierwert: Die beschriebene Art ist nicht sehr auffällig. Dagegen gibt es sehr dekorative Sorten wie etwa der Rote Meier *A. lividus* mit dunkelroten Blättern oder *A. caudatus* eine alte Amaranthform mit roten, hängenden, bis 50 cm langen Blütenständen, beide sind essbar (Dreschflegel 2001: 57).
Herkunft: Subtropisches Amerika, fast weltweit eingebürgert.
Besonderheiten: Der erwähnte *A. caudatus* war bei den Azteken die vorwiegend kultivierte Art, von deren Samen und Blättern sie sich zu einem Großteil ernährten (Couplan 1998: 23). Es werden in Deutschland verschiedene Amarantharten angeboten, eine frühreifende Sorte (Samen) ist *A. hybridus*, eine geeignete Pflanze für den Blattanbau ist *A. viridis* (Fern 2000).
Bezug: z.B. bei Dreschflegel und Sortenerhalter.

Atriplex hortensis, Gartenmelde *Chenopodiaceae*

Beschreibung: Alte indogermanische Kulturpflanze, die etwa 1,50 m hoch wird, mit Variationen von roten, gelben und grünen Blättern.
Standort: Beet. Sonniger Standort mit einem mäßig feuchten, nährstoffreichen Boden.
Ernte: Die jungen Blätter im Mai, die älteren Blätter bis in den September. Eher als die Samen der *Atriplex*-Arten sind die der *Chenopodium*-Arten zu verwenden(Diels 1918: 42 ff). Mit der Blüte werden die Blätter leicht bitter (Bohl 2000: 18).
Verwendung in der Küche: Junge Blätter als Salat, ältere Blätter wie Spinat, der einen sehr feinen Geschmack hat und z.B. für Aufläufe geeignet ist. Der Gehalt an Mineralstoffen ist beachtlich, doch ist Vorsicht geboten, da der Genuss von Melde in Form von Spinat bei manchen Menschen Hautausschläge auslöst. Diese Reaktion wird auf einen noch unbekannten, womöglich giftigen Stoff zurückgeführt (Pahlow 1993: 230f).
Anbau: Aussaat von April bis August, selbstausäend. Anspruchslos und leicht zu kultivieren.
Zierwert: Farbige Blattschmuckpflanze für flächige Pflanzungen.
Herkunft: Vorder-Asien.

Besonderheiten: Die Gartenmelde war vor dem Aufkommen des Gemeinen Spinats *Spinacea oleraceae* als spinatartig zuzubereitendes Gemüse weit verbreitet und wurde schon im *Hortus sanitas* von Hildegard von Bingen beschrieben (PRO SPECIE RARA 2001: 42). Die Gartenmelde enthält weniger Oxalsäure als die Wildform.
Bezug: z.B. bei Dreschflegel, Otzberg Kräuter, Rühlemann u. Strickler.

Alliaria petiolata, Knoblauchsrauke (Farbabb. S. 58)

Barbarea vulgaris, Barbarakresse *Cruciferae*

Beschreibung: Zweijähriges bis ausdauerndes Wildgemüse, das bis 1 m hoch wird, mit gefiederten Blättern und gelben Blüten von Mai bis Juli.
Standort: Beet. Sonnig, mit einem offenen, mäßig feuchten Boden.
Ernte: Junge Blätter in den Wintermonaten bis ins Frühjahr.
Verwendung in der Küche: Das kresseähnliche Salatkraut schmeckt ähnlich wie Brunnenkresse, mit einem scharfen, leicht bitteren Rettichgeschmack. Wegen des strengen Geschmacks nur vorsichtig dosieren, leicht gekocht auch als Gemüse verwendbar. Hoher Vitamin-C-Gehalt von 50 mg pro 100 g (LIEBSTER 1990: 301).
Anbau: Aussaat, vermehrt sich oft durch Selbstaussaat (RÜHLEMANN 1999: 18).
Zierwert: Blattschmuck, winterlicher Bodendecker.
Herkunft: Europa, N-Afrika, Asien.
Besonderheiten: Es gibt auch eine weiß-grün panaschierte Züchtung. Die Frühlings-Barbarakresse *Barbarea verna* ist in der gleichen Weise zu verwenden, und bietet nach einer Sommeraussaat eine Blatternte im Winter (ARCHE NOAH 2001: 124). Die Barbarakresse wurde als Salat zumindest seit Ende des 17. Jhr. angebaut und als Ersatz für Brunnenkresse genutzt, wenn kein fließendes Wasser für dessen Kultur vorhanden war (PHILLIPS & RIX 1994: 54).
Bezug: *B. vulgaris* z.B. bei Otzberg, Rühlemann und Strickler, *B. verna* z.B. bei Dreschflegel und Otzberg.

Amaranthus retroflexus, Fuchsschwanz (Farbabb. S. 60)

Campanula rapunculus, Rapunzel-Glockenblume *Campanulaceae*

Beschreibung: Lockerer, horstiger Wuchs, etwa 50 cm hoch, mit schmalen, blaulilafarbenen Blüterispen von Juni bis August.
Standort: Freifläche. Sonniger, warmer Standort mit einem nährstoffreichen, lockeren, steinigen, sandigen oder reinen Löß- und Lehmboden, der trocken bis frisch ist.
Ernte: Blätter im Vorfrühling des 2. Jahres. Die bis zu 8 cm lange, 2 cm dicke, weiße Wurzel im Winter (PRO SPECIE RARA 2001: 46).
Verwendung in der Küche: Die Blätter roh als Salat, ähnlich wie Feldsalat. Die Wurzel roh oder gekocht (ARCHE NOAH 2001:117f).
Anbau: Aussaat im Frühjahr oder im Spätsommer, zur Wurzelgewinnung im Frühjahr, selbstaussäend.
Zierwert: Blütenschmuck, reichblühende Glockenblume mit Wildcharakter, teilweise Pionierpflanze.

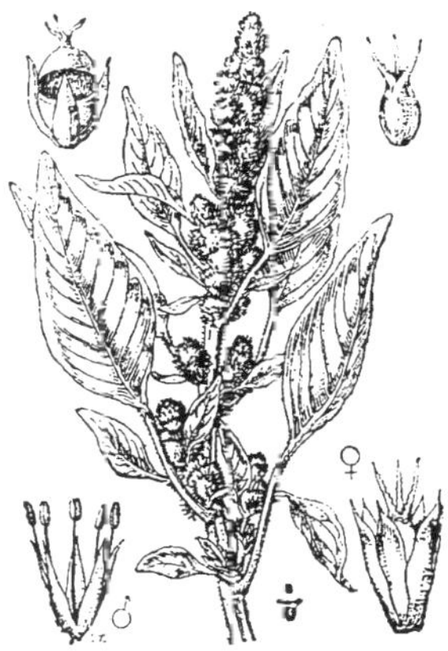

Amaranthus retroflexus, Fuchsschwanz

Herkunft: Europa, NW-Afrika, SW-Asien, Sibirien.
Besonderheiten: Die Pflanze war im 17. Jahrhundert ein beliebtes Wurzelgemüse (Koch 1999: 80). Nicht zu verwechseln mit der mehrjährigen Acker-Glockenblume *C. rapunculoides*, die auch essbar ist (Diels 1918: 67).
Bezug: z.B. bei Dreschflegel, Hof Berg-Garten, Otzberg Kräuter und bei den verschiedenen Sortenerhaltern.

Atriplex hortensis, Gartenmelde (Farbabb. S. 60)

Atriplex hortensis, Gartenmelde

Barbarea vulgaris, Barbarakresse mit Blüte

Montia perfoliata, Winterpostelein *Portulacaceae*

Beschreibung: Einjährige, etwa 20 cm hohe Pflanze, mit kreisrunden, sukkulenten, hellgrünen Blättern, auf denen die unscheinbaren, kleinen, weißen Blüten sitzen.
Standort: Beet. Sonniger Platz. Keine besonderen Bodenansprüche.
Ernte: Die Blätter in den Wintermonaten, wenn es schneefrei ist. Auch noch mit Blüte essbar. Geschnittene Pflanzen wachsen nach (Allerleirauh 2001: 32).
Verwendung in der Küche: Die Blätter als Salat, sie haben einen knackigen, eher faden Geschmack (Arche Noah 2001: 120). In einer anderen Quelle wird der Geschmack als mild säuerlich beschrieben (Bohl 2000: 19). Gekocht wie Spinat zubereiten (Berling et al. 1997: 317).
Anbau: Aussaat von Herbst bis Frühjahr, keimt bei niedrigen Temperaturen (unter 15 C°). Saat bis Ernte 4 Wochen, Lichtkeimer. Kann auf manchen Standorten (z.B. auch in Gewächshäusern) durch Selbstausaat „lästig" werden.
Zierwert: Blattschmuck, winterlicher Bodendecker mit einem interessanten Laub.
Herkunft: N-Amerika, in Kuba und M-Europa eingebürgert.
Besonderheiten: Wird auch Kubaspinat genannt. Es gibt auch eine mehrjährige Art *Montia sibirica*.
Bezug: *M. perfoliata* z.B. bei Dreschflegel und den Sortenerhaltern, *M. sibirica* z.B. bei Otzberg Kräuter und Rühlemann.

Portulaca oleracea sativa, Portulak *Portulacaceae*

Beschreibung: Einjährige Pflanze, die etwa 15 bis 40 cm hoch wird, mit sukkulenten grünen oder gelben Blättern, die an rötlichen Stängeln sitzen. Zwischen den Blättern erscheinen von Mai bis September blassgelbe oder orangefarbenen Blüten.
Standort: Beet. Sonniger, warmer Platz mit einem sandigen Boden.
Ernte: Die Blätter und jungen Triebe im Sommer. Die Pflanze nicht zur Blüte kommen lassen, weil die Blätter dann bitter schmecken. Ansonsten die Knospen von Mai bis September.
Verwendung in der Küche: Roh als Salat, als Würzkraut für Blattsalate oder gekocht wie Spinat und als Suppenzusatz (Pro Spezia Rara 2001:46). Die Blütenknospen als Kapernersatz (Liebster 1990: 184f).
Anbau: Direktsaat im Mai, selbstaussäend.

Zierwert: Sukkulent wirkende Blattschmuckstaude.
Herkunft: Nur in Kultur bekannt.
Besonderheiten: Die Wildform ist als „Gartenunkraut" weit verbreitet. Die grün- und gelbblättrigen Gartenformen haben größere und fleischigere Blätter (DITTRICH 2001: 10). Es ist ein seit Urzeiten kultiviertes Gemüse, das heute eher in Frankreich und in den Mittelmeerländern angebaut wird (PHILLIPS & RIX 1994: 80). Auch im alten Ägypten war der Portulak als Zutat zu Suppen und Salaten und als Gemüse sehr beliebt (PRO SPECIE RARA 2001:46). Der auch essbare Großblühende Portulak *P. grandiflora* hat bunte Blüten in leuchtenden Farben, von weiß über gelb, orange und pink (KOCH 1999: 27). Nach anderen Angaben sollen die rohen Blätter wenig schmackhaft sein.
Bezug: z.B. bei Arche Noah, Dreschflegel, Pro Specie Rara und Rühlemann; Großblühender Portulak z.B. bei Otzberg Kräuter.

Campanula rapunculus, Rapunzel-Glockenblume

Valerianella locusta, Feldsalat *Valerianaceae*

Beschreibung: Dunkelgrüne glatte Blätter, die in Rosetten wachsen und kleine, unscheinbare, weiße Blüten im April. Überwintert.
Standort: Beet. Mäßig feucht, sonnig im Winter, etwas schattiger im Sommer (Untersaat).
Ernte: Ganze Blattrosetten über die gesamte Winterzeit bis zur Blüte (in der Regel ab April).
Verwendung in der Küche: Roh als Salat, nussiger, vorzüglicher Geschmack, enthält viel Vitamin-C.
Anbau: Als Dunkelkeimer muß immer auf genügend Saattiefe bzw. an Schattierung gedacht werden. Aussaat Anfang Juli bis Ende September. Kommt die Pflanze zur Blüte, sät sie sich selbst aus und das an den unglaublichsten Stellen, wie in Mauerfugen und Baumstümpfen.
Zierwert: Winterlicher Bodendecker, schöner Blütenflor im April/ Mai.
Herkunft: Europa, Mittelmeergebiet.
Besonderheiten: Bei Feldsalat gibt es viele regionale Sorten wie 'Mauseohr', 'Duplex', 'Mainzer Markt' etc. (ARCHE NOAH 2001: 33), wobei es sich bestimmt lohnt, auf diese bewährten Sorten zurückzugreifen. Ansonsten alte französische Sorten wie 'Louviers' (löffelblättrig) und 'Verte de Cambrai' (kleine runde Blätter) (DITTRICH 2001: 9). Im Handel gibt es eine ganze Menge neue Züchtungen mit diversen Eigenschaften. Am robustesten dürfte der Wilde Feldsalat sein (ARCHE NOAH 2001). Der Rheinische Feldsalat *V. eriocarpa* ist eine Kultursorte der dem Feldsalat verwandten Wildart. Weniger üppig als gewöhnlicher Feldsalat, blüht jedoch erst im Mai, und bildet noch bis April ansehnliche Rosetten.
Bezug: Verschiedene Sorten von *V. locusta* z.B. bei Arche Noah, Dreschflegel und Pro Specie Rara, *V. eriocarpa* ist z.B. bei VEN erhältlich.

Valerianella locusta, Feldsalat

Valerianella locusta, Feldsalat (Farbabb. S. 100)

Kurzbeschreibungen

Capsella bursa-pastoris, Hirtentäschel

Aster tripolium, die Strandaster, wird etwa 60 cm hoch und wächst in Strand- und Salinenflora Europas, Nordafrikas u. Mittel-Asiens. Bisher wurden überwiegend Wildvorkommen gesammelt und nur teilweise kultiviert und selektiert. Die blauen bis lilafarbenen Strahlenblüten erscheinen von Juli bis September. Die Blätter werden als Gemüsespezialität bis zur Blüte gesammelt, gegessen wird das Gemüse in Kombination mit Austern oder Muscheln (LIEBSTER 1990: 269f). Die Aussagen über die Mehrjährigkeit sind widersprüchlich, letztendlich gilt die Pflanze als ein- bis mehrjährig (HUXLEY 1992: 271).
Bezug: Schwierig, gegebenenfalls in Wildstaudengärtnereien der Küstenregion.

Capsella bursa-pastoris, Hirtentäschel, ist ein internationales „Unkraut", das in China kultiviert wird. Im frühen Frühjahr als Salat genießbar, später gedünstet oder als Spinat (PHILLIPS & RIX 1994: 52). Hirtentäschel ist sehr reich an Vitamin C. und hat einen bittereren bis scharfen Geschmack, ähnlich Meerrettich oder Senf. Die getrockneten Blätter sind als Gewürz geeignet.
Bezug: Saatgut ist z.B. bei Rühlemann zu beziehen.

Oxalis acetosella, heimischer Waldsauerklee (Farbabb. S. 106)

Oxalis acetosella, der heimische Waldsauerklee, kann mit seinen sauren Blättern und Blüten als Zitronenersatz und Gemüse genutzt werden (CHAMISSO 1987: 109). Er wächst an schattigen Stellen im Gehölz und bevorzugt kieselsäurehaltige Böden. Seine weißen Blüten (April/Mai) geben jedem Salat eine frische, saure Note. Läßt man die Blätter eine Weile in Wasser ziehen, erhält man eine erfrischende Limonade. Wegen der enthaltenen Oxalsäure sollte der Sauerklee nur sparsam verwendet werden, doch ein wenig sauer macht ja bekanntlich lustig. *Oxalis tuberosa* ist eigentlich in Mitteleuropa nicht mehrjährig, da er nur bis -5°C frosthart ist (FERN 2000: 117). In Europa wurden schon mehrfach Versuche unternommen, diese wertvolle Nutzpflanze anzubauen, allerdings ohne größere Erfolge (LIEBSTER 1990: 222). *Oxalis deppei* wächst in Mitteleuropa nur im Kalthaus.

Papaver rhoeas, Klatschmohn (Farbabb. S. 97)

Papaver rhoeas, der Klatschmohn, ist eine ein- bis zweijährige Pflanze, die sich auf einem offenen Boden (Beet) selbst aussät und von Mai bis August leuchtend rote Blüten hat. Die jungen Blätter bzw. die ganzen Rosetten sind in Frankreich eine beliebte Speise, sie werden von Februar bis Mai gesammelt. Eine gängige Zubereitung besteht darin, die Blätter kurz über Dampf zu garen und sie dann mit einem Hauch Olivenöl zu servieren. Nach meinem Geschmack gehört noch etwas Salz, Pfeffer und Knoblauch dazu, das Ergebnis ist ein ganz köstliches Gemüse. Die roten Blütenblätter und die Samen können ebenfalls gegessen werden (COUPLAN 1998: 72f). Nach anderen Quellen enthält die Pflanze Alkaloide, welche Erbrechen und

Krämpfe auslösen können (ROTH et al. 1994). Gleiche Verwendung haben auch *P. argemone* der Sandmohn, *P. dubium* der Saatmohn und *P. hybridum,* der Bastard-Mohn (DIELS 1918: 47f). Von der in Gärten häufig vorkommenden Staude *Papaver orientale* sind auch die Samen zum Verzehr geeignet (SCHNELLE & RUBEN 2001: 32).
Bezug: Samen gibt es in Wildstaudengärtnereien.

Papaver rhoeas, Klatschmohn

Stellaria media, die Vogelmiere, ist einjährig, jedoch selbstaussäend. Sie ist eine unterschätzte Pflanze, die bei richtiger Kultivierung ganzjährig einen nahrhaften Salat in großen Mengen liefert, der im Geschmack an zarten, jungen Mais erinnert. Das Kraut kann gekocht auch als eine Art Spinat zubereitet werden. Die nordamerikanische Sorte *S. jamesiana* soll eine gutschmeckende, süße Wurzel haben (FERN 2000: 257).
Bezug: z.B. bei Gärtnerei Rühlemann.

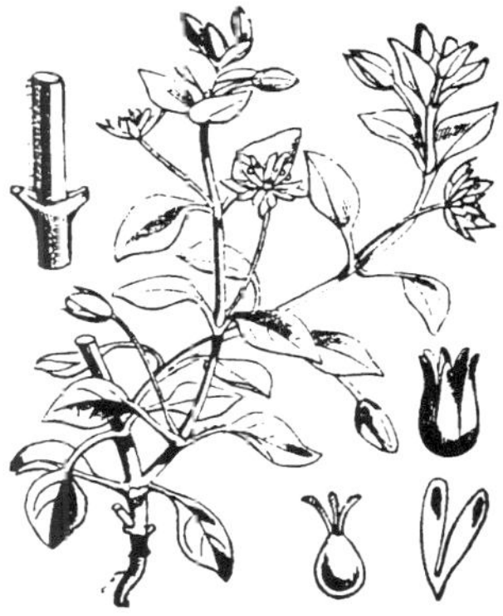

Stellaria media, Vogelmiere

Salicornia europaea, der Queller, ist eine unter Naturschutz stehende Pflanze für salzige Böden, die jedoch feucht bis naß und sehr nährstoffreich sein müssen. Queller ist ein hervorragendes Gemüse, das oft in Fischgeschäften irrtümlich als Alge angeboten wird. Gegessen wird es gekocht mit zerlassener Butter, wobei das Kochwasser weggeschüttet wird, um den Salzgehalt zu mindern (PHILLIPS & RIX 1994: 78f). Auch roh als Salat sind die Triebe essbar. Eine andere Zubereitung besteht darin, das junge Kraut in Essig einzulegen (DIELS 1918: 26). Die Pflanze kann auch als Salzersatz genutzt werden. Geerntet werden die jungen Triebe im Juli/August bis zur Blüte, die im August anfängt und im September endet (PHILLIPS 1983: 95).

Essbare Wurzeln, Knollen und Zwiebeln

Die folgenden Pflanzen besitzen hauptsächlich essbare Wurzeln, Knollen oder Zwiebeln, die größtenteils im Erdboden liegen. So gilt es bei der Ernte verschiedene Aspekte zu beachten: Sie sollte zu einem Zeitpunkt stattfinden, in dem der Eingriff für die Pflanze am besten verträglich ist und der restliche Bestand so wenig wie möglich verwüstet wird. Bei der Ernte ist behutsam vorzugehen und um einem Fortbestand der Pflanzen zu gewährleisten, sollten immer Pflanzen oder Teile der Pflanze, die zur Vermehrung dienen, im Erdboden belassen werden. Übrigens: Gekaufte Pflanzen aus konventionellem Anbau können mit Pestiziden behandelt sein und sind dann für den Verzehr nicht geeignet.

Salicornia europaea, Queller

Allium cepa L. var. proliferum,
Etagen- oder Luftzwiebel

Apios americana,
Erdbirne

Apios americana,
Erdbirne
(Farbabb. S. 101)

Mehrjährige Pflanzen

Allium cepa L. var. proliferum, Etagen- oder Luftzwiebel *Liliaceae*

Beschreibung: Zwiebelgewächs mit einer Wuchshöhe von 50-150 cm in 1-3 Etagen. Oben am Schaft bilden sich Brutzwiebeln, die wieder austreiben und weitere Etagen bilden können.
Standort: Steingarten und Freifläche. Sonnige Plätze mit einem nahrhaften, durchlässigen und feuchten Boden.
Ernte: Junge Triebe ab Februar (auch bei niedrigen Temperaturen), die Brutzwiebeln ab Mai.
Verwendung in der Küche: Der Geschmack ist schärfer als bei gewöhnlichen Zwiebeln, sie können wie Speisezwiebeln verwendet oder in Essig eingelegt werden (VEN 2001: 78f).
Anbau: Vermehrung durch Brutzwiebeln. Verträgt sich nicht mit Petersilie.
Zierwert: Attraktiv mit den Brutzwiebeln in ihren weißen, rosa, roten bis braunen Farbabstufungen.
Herkunft: Herkunft unbekannt.
Besonderheiten: Empfehlenwert ist auch der Weinbergsschnittlauch *Allium vineale*, der von September bis April frisches Grün bietet. Die Brutzwiebeln haben ein feines Aroma. Ebenso empfehlenswert ist die ausdauernde Winterheckenzwiebel *Allium fistolosum* mit ihren röhrigen Blättern, die das ganze Jahr über geerntet werden können. Die Blüte (Juli bis August) ist weiß, zuweilen purpurrot gestreift (VEN 2001: 80).
Bezug: z.B. bei Dreschflegel, Kräutergärtnereien und den verschiedenen Sortenerhalter.

Apios americana, Erdbirne *Leguminosae*

Beschreibung: Windende, krautartige Kletterpflanze, die etwa 1,5 bis 2,5 m hoch wird mit rotbraun-weißen Blüten von Juli bis September.
Standort: Gehölzrand. Sonniger, warmer Platz. Nach praktischen Versuchen in Deutschland hat sich gezeigt, dass die Pflanze sehr gut im mitteleuropäischen Klima wächst.
Ernte: Die eiergroßen Knollen wachsen nahe der Erdoberfläche, oft aber etwas entfernt von der Pflanze entlang der Wurzel. Bis zur ersten Ernte sollten 2 bis 3 Jahre gewartet werden. Die Samen im Sommer.
Verwendung in der Küche: Die gekochten Knollen haben einen etwas süßlichen Geschmack, ähnlich dem der Süßkartoffel. Der Eiweißgehalt liegt mit 17 Prozent wesentlich höher als bei der Kartoffel (FERN 2000: 67). Die Knolle ist auch roh genießbar oder kann getrocknet zu einer Art Mehl verarbeitet werden. Die Samen können wie Erbsen zubereitet werden (KINDCHER 1987: 48).
Anbau: Aussaat oder Knollen.
Zierwert: Blütenschmuck und duftend.

Herkunft: Nord-Amerika: Nord Brunswick bis Minnesota und Colorado, mitunter eingebürgert in Italien und Frankreich.
Besonderheiten: In Nord-Amerika werden Pflanzen mit höheren Erträgen gezüchtet, bislang 2,3 Kilo Ertrag pro Pflanze (FERN 2000: 67). Die unterirdischen Sproßknollen dienten einst den Indianern des östlichen Nord-Amerikas als Nahrung (EBEL 1990: 66).
Bezug: z.B. bei Fa. Hoch.

Balsamorrhiza sagitatta, Oregon Sunflower *Compositae*

Beschreibung: Etwa 30 cm hohe, kurzlebige Staude mit haarigen Blättern und großen, gelben Blüten.
Standort: Steinanlagen. Sonniger Platz mit einem gut durchlässigen Boden, sehr trockenheitsresistent. Bis - 25°C frosthart.
Ernte: Die jungen Triebe im Frühjahr, die Knospenstängel im Sommer, die dicke, tiefe Wurzel und den Samen im Herbst. Die Wurzeln direkt an der Pflanze werden belassen.
Verwendung in der Küche: Die jungen Triebe und die Wurzeln können roh oder gekocht gegessen werden. Die Wurzel soll gekocht einen süßen Geschmack haben. Die Knospenstängel lassen sich roh verspeisen, geschält wie Stangensellerie. Der Samen kann roh oder gekocht gegessen werden, geröstet gilt er als Kaffeersatz (FERN 2000: 255). Die harzige Rinde der Wurzel muß entfernt werden (BAILEY 1942: 713).
Anbau: Aussaat und Wurzelteilung.
Zierwert: Keine Angaben.
Herkunft: Zentral bis W-Nordamerika.
Besonderheiten: Die Wurzeln der 10 Balsamorrhiza-Arten waren Nahrungsmittel der nordamerkanischen Indianer (BAILEY 1942). Weitere Arten, die ähnliche Verwendung haben sind *B. deltoidea*, *B. incana* und *B. hookeri*.
Bezug: z.B. bei PFAF in Großbritannien.

Bunium bulbocastanum, Erdkastanie *Umbelliferae*

Bunium bulbocastanum, *Erdkastanie*

Beschreibung: Altes Wurzelgemüse, etwa 60 cm hoch, zierlicher Wuchs mit weißen Blütendolden im Juni/Juli.
Standort: Freifläche. Sonnig, mit mäßig feuchten, kalkhaltigen Böden
Ernte: Die kugeligen, dunkelbraunen, haselnussgroßen Knollen nach 2 bis 3 Jahren von September bis November. Im ersten Jahr bildet sich nur eine Knolle, später ganze Büschel.
Verwendung in der Küche: Die Knollen schmecken nach Esskastanie und können gekocht oder geröstet werden (VEN 2001: 19). Die pelzige Schale läßt sich nach dem Rösten gut abziehen.
Anbau: Nicht geerntete Knollen treiben neu aus. Aussaat September/Oktober, Frostkeimer. Nach anderer Quelle findet die Aussaat im März/April statt (BOHL 2000: 12).
Zierwert: Zierlicher Doldenblütler.

Herkunft: W-, M-Europa, Italien bis Slowenien.
Besonderheiten: Die Knollen wurden im 19. Jahrhundert noch viel auf den Märkten angeboten. Nach F. Sonnemann (Saatguthandel Dreschflegel) handelt es sich bei der in der Regel so beschriebenen Erdkastanie nicht um *Bunium bulbocastanum*, sondern um *Oenanthe pimpinelloides*. Die wirkliche *Bunium b.* ist äußerst selten und schwer zu kultivieren, und hat nur eine einzige dicke Knolle (Arche Noah 2001:113). Vor einer Verwechslung mit der sehr giftigen Gemeinen Hundepetersilie *Aethusa cynapium* und dem Gefleckten Schierling *Conium maculatum* ist zu warnen.
Bezug: z.B. bei Hof Berg-Garten, Otzberg Kräuter, Rühlemann und bei den verschiedenen Sortenerhaltern.

Calochortus nuttallii, Mormonentulpe

Calochortus spezies, Mormonentulpe (Farbabb. S. 102)

Camassia quamash, Präriekerze (Farbabb. S. 103)

Calochortus spezies, Mormonentulpe *Liliaceae*

Beschreibung: Farbenprächtige Zwiebelgewächse, die in der Regel 15 bis 60 cm hoch werden, mit grasartigen, schmalen Blättern und verzweigten, beblätterten Stängeln, an denen im Juni/Juli Blüten sitzen. Die Blütenfarben variieren von weiß, gelb, rosa bis purpur.
Standort: Gehölzrand. Sonnig bis lichter Halbschatten mit einem humos-lehmigen, sehr sandigen Boden und einem gut drainierten Untergrund, evt. Hochbeet. Im Frühjahr braucht die Pflanze Feuchtigkeit, im Sommer und Winter muss sie unbedingt trocken stehen. Winterschutz notwendig (Burnie et.al 1998: 173).
Ernte: Die große Zwiebel im Herbst, die kleinen Zwiebeln bleiben im Boden.
Verwendung in der Küche: Alle Arten dieser Gattung können roh oder gekocht gegessen werden, sie sollen einen sehr guten, etwas süßen Geschmack haben (Fern 2000: 151)
Anbau: Vermehrung durch Teilung oder Samen im Herbst.
Zierwert: Exotisch wirkende Zwiebelgewächse. Besonders schönes Laub und sehr bunte Blüten.
Herkunft: W-Nordamerika, Mexiko.
Besonderheiten: Getestete, empfohlene Arten sind z.B. *C. gunnisonii*, *C. luteus* und *C. nutallii* (Fern 2000: 151). Von diesen Sorten am ehesten im Handel erhältlich, jedoch für das Freiland nur bedingt geeignet ist *C. luteus* mit großen, gelben Blüten (Gewiehs 1998: 7).
Bezug: Im Blumenzwiebelhandel z.B. bei Fa. Gewiehs in Rotenburg (jedoch nur für den Großhandel), oder *C. albus* und *C. venustus* z.B. bei Fa. Hoch.

Camassia quamash, Präriekerze *Liliaceae*

Beschreibung: Etwa 30 bis 60 cm hohes Zwiebelgewächs mit dunkelblauen Blütentrauben auf schlankem Stiel von April bis Juni.
Standort: Freifläche. Sonnige bis leicht schattige Wiese mit feuchtem, durchlässigen, lehmigen Boden, verträgt längere Trockenzeiten. Rückschnitt in der Vegetationszeit wird weniger gut vertragen.

Ernte: Die durchschnittlich 25 mm große Zwiebel im Herbst, die kleinen Zwiebeln bleiben im Boden.
Verwendung in der Küche: Die Zwiebel hat gekocht oder gebacken einen esskastanienartigen Geschmack.
Anbau: Leicht durch Samen zu ziehen, blüht in der Regel im dritten Jahr. Bildet nur mäßig Brutzwiebeln.
Zierwert: Auffälliger Vorsommerblüher.
Herkunft: Nord-Amerika: Britische Kolonien bis Alberta, südlich bis Kalifornien und Utah.
Besonderheiten: Die alte Bezeichnung von *Camassia quamash* ist *Camassia esculenta*, esculentus bedeutet essbar (nach ZANDER 1984: 155). Die Präriekerze stellte für die nordamerikanischen Indianer eine Grundnahrungspflanze dar, die ausgedehnten Vorkommen waren im Herbst ein Ziel für ihre Zeltlager. Die Zwiebeln wurden im Feuer geröstet (siehe unter *Chlorogalum*) und in großen Mengen verspeist, der Rest der gerösteten Zwiebeln getrocknet und als Wintervorrat gelagert. Die Art *Camassia leichtlinii* kann auf die gleiche Weise verwendet werden, doch ist sie sonnenbedürftiger und nicht ganz winterhart (FERN 2000: 96f). *Camassia scilloides* ist in gleicher Weise verwenbar (KINDCHER 1987: 73), jedoch sehr schwer in Deutschland zu beziehen.
Bezug: z.B. bei Firma Gewiehs oder bei Future Foods (siehe Bezugsquellen). *C. cusickii* und *C. leichtlinii* ist z.B. bei Fa. Hoch erhältlich, *C. quamash* z.B. bei Fa. Gewiehs (jedoch nur für den Großhandel), ansonsten im Blumenzwiebelhandel.

Camassia leichtlinii, Präriekerze (Farbabb. S. 103)

Camassia scilloides, Präriekerze

Chlorogalum pomeridianum, Seifenlilie *Liliaceae*

Beschreibung: Bis zu 150 cm hohes Zwiebelgewächs mit schmalen, langen, grasartigen Blättern und vielen sternchenförmigen, weißen Blüten mit purpurnen Adern im Juni/Juli, die sich am Nachmittag öffnen. Nach der Blüte sterben die oberirdischen Teile der Pflanze ab und treiben im Spätherbst wieder aus.
Standort: Freifläche. Sonnige bis leicht schattige Wiese mit einem sandig-lehmigen Boden, verträgt längere Trockenzeiten. Ansprüche wie *Camassia spezies*.
Ernte: Die Zwiebel im Herbst, sie ist etwa 5 cm breit und 10 cm lang und hat eine faserige Schale (BAILEY 1942: 751). Die Brutzwiebeln werden im Boden belassen.
Verwendung in der Küche: In erster Linie wird die Zwiebel für die Herstellung einer milden Seife verwendet, doch nach einem langen, langsamen Kochen wird sie essbar und soll einen angenehmen süßen Geschmack haben. Die enthaltenen Saponine werden durch die Hitze zerstört (FERN 2000: 97).
Anbau: Leicht zu kultivieren.
Zierwert: Auffälliger Solitär-Vorsommerblüher.
Herkunft: Westliches Nord-Amerika.

Chlorogalum pomeridianum, Seifenlilie

Dioscorea villosa
Yamswurzel
(Farbabb. S. 103)

Besonderheiten: Die traditionelle Zubereitung, d.h. nach der Art nordamerikanischer Indianer, fand mit einem speziellen Feuer statt: Die Indianer legten den Boden einer Mulde mit großen, flachen Steinen aus und entfachten darauf ein großes Holzfeuer. Nachdem das Holz abgebrannt war, und die Steine ausreichend Hitze speichern konnten, räumten sie die Asche aus und belegten die heißen Steine mit Farnen. Dann häuften sie die Zwiebeln auf dieses Farnbett, bedeckten sie mit Farnen sowie einer Schicht Erde und ließen sie einige Tage schmoren. Danach wurden sie in so großen Mengen verspeist, dass die Indianer in einen langen Verdauungsschlaf fielen. In der gleichen Weise wurde auch *Camassia spezies* zubereitet (Fern 2000: 96).
Bezug: z.B. bei PFAF in Großbritannien.

Dioscorea batatas, Yamswurzel *Dioscoreaceae*

Beschreibung: Bis 5 m hohe Kletterpflanze mit herzförmigen, glänzenden Blättern und einer unscheinbaren, weißen Blüte im August, die einen zimtartigen Duft verströmt.
Standort: Gehölzrand. Sonniger, warmer Platz mit einem nährstoffreichen, tiefgründigen, lockeren Boden mit gutem Wasserabzug. Nicht ganz frosthart, deshalb Frostschutz notwendig (Arche Noah 2001: 120).
Ernte: Kulturdauer 2 - 4 Jahre. Die bis zu 1 m lange und armdicke, zum Teil über 2 Kilo schwere Wurzel ist schwierig zu ernten, da sie vertikal wächst und deshalb sehr tief ausgegraben werden muß. Für einen Fortbestand wird ein Wurzelstück im Boden belassen.
Verwendung in der Küche: Roh ist die Pflanze giftig. Ansonsten wie Kartoffeln zu verwenden und zu lagern. Gebacken bekommt die Knolle einen blumigen Geschmack, jedoch nicht so würzig wie die Süßkartoffel.
Anbau: Wie Stangenbohnen oder an anderen Kletterhilfen. Es ist ratsam, eine Art Hügelbeet anzulegen, um die Ernte zu vereinfachen. Vermehrung durch Rankenstecklinge oder Brutknöllchen, die sich im Spätsommer bilden. Auch etwa 15 cm lange Knollenspitzen können gesteckt werden. Die Brutknöllchen und die Knollenspitzen an einem kühlen, frostfreien Platz überwintern lassen, sie dürfen nicht austrocknen (Fern 2000: 115).
Zierwert: Kletternde Blattschmuckstaude, die Blätter haben eine goldgelbe Herbstfärbung, Duftpflanze.
Herkunft: China, Korea, Japan, in den östlichen USA eingebürgert.
Besonderheiten: Hilft nach der traditionellen Chinesischen Medizin bei Appetitmangel und Müdigkeit. Die Wilde Yamswurzel *D. villosa* ist vollkommen frosthart, jedoch in ihrer Verwendung nicht als Nahrungspflanze bekannt, sondern als Heilpflanze (Rühlemann 1999: 89). Es gibt etwa 650 Yams-Arten.
Bezug: z.B. bei Arche Noah, Rühlemann und VEN.

Erythronium dens-canis, Hundszahn *Liliaceae*

Beschreibung: Heimischer Frühjahrsblüher, der etwa 10 cm hoch wird, mit eigenartig braungrün marmorierten Blättern und lila-weißen, alpenveilchenähnlichen Blüten im März/April.
Standort: Gehölzrand - Gehölz. Kühler, leicht sonniger bis schattiger Platz mit einem frischen, humusreichen Boden, der im Sommer nicht oder nur wenig austrocknet.
Ernte: Die walnußgroße Zwiebel vom Sommer bis in den Winter, die zerbrechlichen Brutzwiebeln werden für den Fortbestand im Boden belassen.
Verwendung in der Küche: Die Zwiebel kann roh oder gekocht gegessen werden, sie ist sehr stärkehaltig und soll gut schmecken. Die Zwiebel kann auch getrocknet zu einem feinem Mehl verarbeitet werden, z.B. um Fadennudeln oder Gebäck herzustellen. Die Blätter sind essbar, aber nicht sehr wohlschmeckend (Fern 2000: 76f).
Anbau: Die Brutzwiebeln im Herbst pflanzen, etwa 8 - 10 cm tief. Für eine flächendeckende Pflanzung sind 75 Stück/qm erforderlich. An ungestörten Plätzen verwildern sie recht gut.
Zierwert: Frühjahrsgeophyt.
Herkunft: M- und S-Europa und N-Asien.
Besonderheiten: Alle Arten und Sorten sind in der gleichen Weise verwendbar. Ein Beispiel ist *Erythronium revolutum*, die Pflanze wird etwa 20 cm hoch, mit Blütenfarben von weiß bis rosa. Insbesondere die Sorten *E. revolutum* 'White Beauty' mit weißer Blüte und *E. hybr. 'Pagoda'* mit schwefelgelben Blüten haben sehr große Zwiebeln (Fern 2000).
Bezug: Im Blumenzwiebelhandel, ansonsten z.B. bei Fa. Hoch und Strickler

Fritillaria camtschatcensis, Kaiserkrone *Liliaceae*

Beschreibung: Etwa 15 bis 30 cm hohes Zwiebelgewächs mit dunkelbraunen, fast schwarzen, durchdringend riechenden Blüten im Juni, jeweils eine Blüte auf einem Stängel.
Standort: Steinanlagen. Absonniger, halbschattiger Platz im vorwiegend sommertrockenen bis frischen Gehölzrandbereich mit einer humosen Walderde (Gehwies 1999: 37).
Ernte: Die bis zu 60 mm große Zwiebel im Herbst, die kleinen Knollen bleiben im Boden.
Verwendung in der Küche: Die Zwiebel hat gekocht oder gebacken einen esskastanienartigen Geschmack. Die Zwiebeln können zum Lagern getrocknet, und später zu einem Mehl für Brot verwendet werden (Pfaf 2001: database)
Anbau: Die Zwiebel wird im Herbst 10-15 cm tief gepflanzt. Bildet zahlreiche unterirdische Ausläufer (Gehwies 1999). Bei einer Aussaat findet die Blüte nach 3-5 Jahren statt.
Zierwert: Blütenschmuck, im Gegensatz zu den bekannteren Kaiser-

Fritillaria camtschatcensis, Kaiserkrone (Farbabb. S. 104)

kronen wie z. B. *F. imperialis*-Sorten eher unauffällig, jedoch auf den zweiten Blick eine sehr schöne Blüte.
Herkunft: Alaska bis Washington, Ussuri, Sachalalin (Insel an der ostasiatischen Küste), Kurilen, Kamtschatka (nordasiatische Halbinsel), Japan.
Besonderheiten: Wurde in den Herkunftsländern als lagerbares Nahrungsmittel gesammelt (PFAF 2001: database).
Bezug: Im Blumenzwiebelhandel, ansonsten z.B. bei Fa. Hoch.

Glycyrrhiza glabra, Süßholz

Glycyrrhiza glabra, Süßholz *Leguminosae*

Beschreibung: Die ausdauernde Staude wird etwa 120 cm hoch und 80 cm breit, mit gefiederten Blättern und etwas kopfigen Trauben violetter oder gelblichweißer Schmetterlingsblüten von Juni bis September.
Standort: Freifläche. Sonnig, mit einem tiefgründigen, sandig-lehmigen Boden, der mäßig feucht ist.
Ernte: Die Wurzeln und die unterirdischen Ausläufer im Herbst, das Wurzelreich direkt an der Pflanze wird geschont.
Verwendung in der Küche: Die getrocknete Wurzel kann gekaut werden (Ersatz für die Zahnbürste) oder zum Süßen von Tee verwendet werden. Süßholzwurzeln enthalten einen Zuckerersatzstoff, der 50mal süßer als Zucker ist (FERN 2000: 121). Ansonsten werden die frischen Wurzeln zu Brei gekocht und filtriert, der eingedickte, klebrige Saft erstarrt in Formen zu schwarzbraunen Stücken Lakritze (FRANKE 1976: 337).
Anbau: Aussaat, verbreitet sich durch Ausläufer. Bis zur ersten Ernte etwa drei Jahre nach der Aussaat.
Zierwert: Blatt- und Blütenschmuck.
Herkunft: S-, O-Europa, W-Sibirien, Vorder-Asien, Mittel-Asien.
Besonderheiten: Die Rinde der Wurzel enthält einen blutdruckerhöhenden Stoff, deswegen nicht geeignet für Menschen mit hohem Blutdruck (RÜHLEMANN 2001: 118).
Bezug: In Kräutergärtnereien.

Glycyrrhiza glabra, Süßholz (Farbabb. S. 103)

Helianthus strumosus, Helianthi

Helianthus strumosus, Helianthi *Compositae*

Beschreibung: Etwa 250 bis 350 cm hohe, großblättrige Pflanze mit großen, gelben Blütenköpfen im September/Oktober.
Standort: Beet. Sonniger Platz mit einem nahrhaften, mäßig feuchten Boden.
Ernte: Die schmale, spindelförmige Knolle ist cremefarben mit veilchenblauer Zeichnung, sie kann in den Herbst- und Wintermonaten aus dem Boden genommen werden. Der Ertrag soll im Durchschnitt bei 15 kg/qm Anbaufläche liegen. Kann ähnlich wie Kartoffeln gelagert werden (DIELS 1918: 77f). Brutknollen für einen Weiterbestand bleiben automatisch im Boden zurück.

Verwendung in der Küche: Sehr zarter, cremeartiger Geschmack, ähnlich wie der von Schwarzwurzeln. Nur kurz kochen, da sie sonst zu weich werden und an Geschmack verlieren.
Anbau: Zurückbleibende Knollen treiben im nächsten Jahr neu aus. Verwildert sehr leicht und ist schwer wieder zu entfernen.
Zierwert: Sonnenblumenartige Staude, die durch ihre Größe vielseitig einsetzbar ist, z.B. als Sichtschutzpflanzung.
Herkunft: Nordamerika.
Besonderheiten: Auf die gleiche Art zu verwenden sind *H. macrophyllus* und *H. salicifolius* mit gelben Knollen.
Bezug: z.B. bei Dreschflegel und Arche Noah.

Helianthus tuberosus, Topinambur (Farbabb. S. 104)

Helianthus tuberosus, Topinambur *Compositae*

Beschreibung: Etwa 250 bis 400 cm hohe Pflanze mit herzförmigen, großen, rauhen Blättern und vielen dottergelben Blütenköpfen von 4 - 8 cm Durchmesser im September/Oktober.
Standort: Beet. Sonniger Platz mit einem nahrhaften, mäßig feuchten Boden.
Ernte: Die kurze, dicke, verzweigte Knolle gibt es in weiß und rot und kann ab November in den Herbst- und Wintermonaten dem Boden entnommen werden. Der Ertrag soll im Durchschnitt bei 15 kg/qm liegen (Diels 1918: 77f). Nur begrenzt lagerfähig in feuchter Kühle. Entweder direkt zum Verbrauch ernten, oder in Sand lagern. Bei der Ernte sollten immer junge Knollen für einen Weiterbestand im Boden bleiben.

Helianthus tuberosus Topinambur, Blüte

Verwendung in der Küche: Roh schmeckt die Knolle ähnlich wie Kohlrabi, gekocht oder gebacken neutral bis nussig-süß. Nur kurz kochen, da die Knollen sonst zu weich werden und an Geschmack verlieren. Die Knolle enthält 16 Prozent Kohlenhydrate (verdaulicher Anteil ca. 4 Prozent; Inulin - nicht verdaulich - ca. 8 Prozent), 2,5 Prozent Eiweiß, 0,5 Prozent Fett. Geröstet kann die Knolle auch als Kaffeeersatzstoff genutzt werden (Geisler 1991: 121f). Da dem Menschen das abbauende Enzym (Inulase) fehlt, und er das Inulin kaum verwerten kann, gelangt es in den Dickdarm, wo es von Mikroorganismen abgebaut wird, z.T. noch resorbiert und unter Umständen Blähungen verursacht (Franke 1976: 109f).
Anbau: Zurückbleibende Knollen treiben im nächsten Jahr neu aus. Verwildert sehr leicht und ist schwer wieder zu entfernen. Eine gute Möglichkeit, die Pflanzen zu entfernen, soll darin bestehen, sie in der Zeit der Sommersonnenwende vorsichtig herauszuziehen. In dieser Zeit sind alle Knollen ausgetrieben, und es haben sich noch keine neuen Brutknöllchen gebildet.

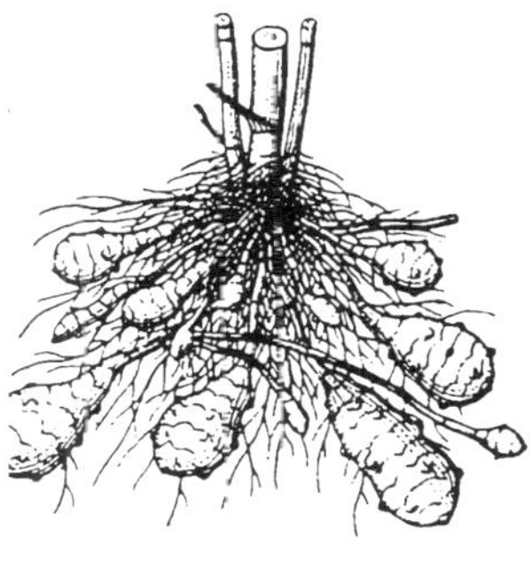

Helianthus tuberosus, Topinambur, Knolle

Zierwert: Sonnenblumenartige Staude, Blüten sind kleiner als bei der Sonnenblume *Helianthus annus*. Durch ihre Größe vielseitig einsetzbar, z.B. als Sichtschutzpflanzung.
Herkunft: Nordamerika.

Besonderheiten: Um 1600 gelangte Tobinambur zunächst als Zierpflanze nach Europa, und verbreitete sich dann auch als Gemüsepflanze vorzugsweise in Gärten, in Frankreich z.B. auch im Feldanbau. Ab Mitte des 18. Jhr. wurde die Pflanzen von der Kartoffel verdrängt (FRANKE 1976: 109f). Es gibt viele regionale Sorten mit verschiedenen Eigenschaften, die man z.B. über Erhalter-Organisationen beziehen kann.
Bezug: Knollen gibt es mittlerweile in fast jedem Bioladen, ansonsten z.B. bei Dreschflegel und den verschiedenen Sortenerhaltern wie Arche Noah, Spezia Rara und VEN.

Ipheion uniflorum, Frühlingsstern *Liliaceae*

Beschreibung: Etwa 15 cm hohes Zwiebelgewächs mit flachen, schmalen, linealen Blättern und weißlichen bis violetten Sternblüten von Februar bis Mai, die einzeln auf etwa 15 cm langen Stielen sitzen. Im Spätsommer stirbt das Laub ab und treibt erst zur Blüte wieder aus. Die Blätter haben beim Zerreiben einen knoblauchartigen Geruch.

Ipheion uniflorum, Frühlingslingsstern (Farbabb. S. 104)

Standort: Steinanlagen. Sonniger, sommertrockener Platz mit einem lehmig-sandigen Boden, der gut durchlässig ist. In rauhen Lagen ist ein Laubschutz im Winter erforderlich.
Ernte: Die kleinen eiförmigen Zwiebeln im Herbst, die kleineren Brutzwiebeln werden im Boden belassen.
Verwendung in der Küche: Die Zwiebeln können roh oder gekocht gegessen werden. Am besten sollen sie sein, wenn sie etwa eine Stunde geröstet werden, dann hätten sie einen süß-nussigen Geschmack. Nach diversen Aussagen soll es sich um die geschmackintensivsten nordamerikanischen Zwiebeln handeln (FERN 2000: 152).
Anbau: Die Brutzwiebeln im September/Oktober etwa 3 bis 5 cm tief, versamt sich gerne in klimamilden Gebieten (HANSEN & STAHL 1981: 395).
Zierwert: Frühjahrsgeophyt mit zierlichen Blüten und grasartigem Laub.
Herkunft: Argentinien, Brasilien, Uruguay.
Besonderheiten: Alle *Ipheion*-Arten sind in der gleichen Weise verwendbar (FERN 2000), jedoch sind die anderen Arten, soweit bekannt, nicht winterhart. Seit die Sternblumen im Jahre 1830 beschrieben wurden, hatten sie 8 verschiedene Gattungsnamen wie z.B. *Brodiaea, Milla, Tristagma, Triteleia.* Von *Ipheion uniflorum* gibt es mehrere Kultursorten: *I. uniflora 'Coerulea'* mit porzellanblauen Blüten, *I. uniflora 'Froyle Mil',`* eine schwachwachsende Form mit dunkelvioletten Blüten und *I. uniflora 'Wisley Blue'* mit violettblauen Blüten. Von dieser Sorte gibt es auch eine weiße Auslese (FRANK 1986: 255).
Bezug: Im Blumenzwiebelhandel, ansonsten z.B. bei Fa. Hoch.

59

60

61

Essbare Blätter und Triebe

59 *Nasturtium officinale*, Brunnenkresse

60 *Papaver rhoeas*, Klatschmohn

61 *Phyteuma spicatum*, Teufelskralle

62 *Phragmites australis*, Schilf

62

63 *Phytolacca americana*, Kermesbeere

64 *Plantago coronopus*, Hirschhornwegerich

65 *Pulmonaria officinalis*, Lungenkraut

66 *Ranunculus ficaria*, Scharbockskraut

67 *Pteridium aquilinum*, Adlerfarn

68 *Rheum rhabarbarum*, Rhabarber

69 *Rumex sanguineus var. sang.*, Blutampfer

70 *Taraxacum officinale*, Löwenzahn

71 *Symphytum officinale*, Beinwell

72 *Valerianella locusta*, Feldsalat

73 *Thypha latifolia*, Breitblättrige Rohrkolben

Essbare Wurzeln, Knollen und Zwiebeln

74 *Alstromera ligtu*, Inkalilie

75 *Apios americana*, Erdbirne

76 *Adenophora liliifolia*, Schellenblume

74

75

76

77 *Arctium lappa*, Große Klette

78 *Armoracia rusticana*, Meerrettich

79 *Calochortus venustus*, Mormonentulpe

80 *Camassia leichtlinii*, Präriekerze

81 *Discorea villosa*, Yamswurzel

82 *Camassia quamash*, Präriekerze

83 *Glycyrrhiza glabra*, Süßholz

80

82

81

83

84 *Helianthus tuberosus*, Topinambur

85 *Fritillaria camtschatcensis*, Kaiserkrone

86 *Ipheion uniflorum*, Frühlingsstern

87 *Lilium martagon*, Türkenbundlilie

88 *Oenothera biennis*, Nachtkerze

89 *Nymphaea alba*, Weiße Seerose

90 *Muscari botryoides*, Straußhyazinthe

88

89

90

91

93

92

94

91 *Oxalis acetosella*, Waldsauerklee

92 *Sium sisarum*, Zuckerwurz

93 *Wasabia japonica 'Matsum'*, Japanischer Meerrettich

94 *Potentilla anserina*, Gänsefingerkraut

Essbare Früchte

95 *Cornus canadensis*, Teppichhartriegel

96 *Fragaria vesca*, Walderdbeere

97 *Physalis alkekengi var. alkekengi*, Lampionblume

95

96

97

98 *Myrrhis odorata*, Süßdolde

99 *Trapa natans*, Wassernuss

100 *Rubus arcticus*, Mesimarja

Lathyrus tuberosus, Erdeichel, Knollenwicke *Leguminosae*

Beschreibung: Diese Wickenart klettert bis 100 cm hoch, hat lange Stängel mit Fiederblättern und Wickelranken mit jeweils 3 bis 9 etwa 12- 20 mm großen, meist roten, duftenden Blüten. Selten kommen weiße und rosa Farbtöne vor, Blütezeit von Juni bis August.
Standort: Freifläche - Wiese. Sonniger Platz mit einem feuchten Boden, an den keine besonderen Ansprüche gestellt werden (Phillips & Rix 1992: 281). Wächst oft als „Unkraut" zwischen Weizen, ohne für den Weizen ein Nährstoff-Konkurrent zu sein.
Ernte: Die unterirdischen Triebe bilden kleine, essbare Knollen, die im Durchmesser bis zu 3-8 cm groß sind und im Herbst geerntet werden. Die Knollen direkt an der Pflanze werden für einen Fortbestand belassen.
Verwendung in der Küche: Die Knöllchen enthalten Zucker und Stärke, sie können roh, gekocht oder geröstet gegessen werden. Roh haben sie einen guten Geschmack, gekocht wird der Geschmack süßer und sie bekommen eine flüchtigen, rosenartigen Geruch (Fern 2000: 117). Der Geschmack soll der Esskastanie ähnlich sein.
Anbau: Aussaat oder Saatknollen im Frühjahr und Herbst. Die Knöllchen benötigen 3-4 Jahre zu ihrer Entwicklung.
Zierwert: Lange blühende, duftende Kletterpflanze. Für Naturgärten im Wiesenbereich und an Sträuchern. Auch als Schnittblume geeignet.
Herkunft: SW-Asien, M- u. SO-Europa bis W- u. M-Asien, in den nordöstl. USA eingebürgert.
Besonderheiten: Alte deutsche Bezeichnungen sind Erdnuß, Erdmandel und Saubrot. Die Knollenwicke wurde früher feldmäßig angebaut, heute findet man noch vereinzelte Exempare als Unkraut an Feldrainen. Während des 16. Jhr. dienten ihre Blüten zur Destillation eines Parfüms (Franke 1976: 72).
Bezug: In Wildpflanzengärtnereien, z.B. bei Gehlsen und Syringa.

Lathyrus tuberosus, Erdeichel, Knollenwicke

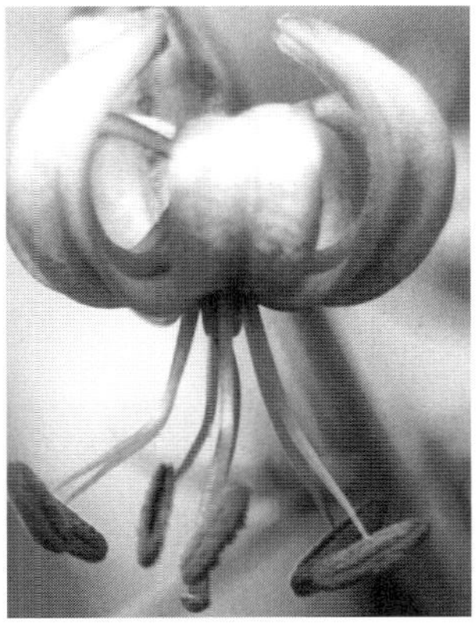

Lilium martagon, Türkenbundlilie (Farbabb. S. 104)

Lilium lancifolium syn. tigrinum, Tigerlilie *Liliaceae*

Beschreibung: Etwa 100 bis 150 cm hoch mit hängenden Blüten im August/September und orangeroten, stark zurückgeschlagenen, schwarzgefleckten Blütenblättern auf starken Stielen.
Standort: Beet. Sonniger bis leicht absonniger Platz mit einem mäßig trockenen bis frischen, durchlässigen, humosen Boden, mit einem neutralen pH-Wert. In S-Deutschland kurzlebige, ansonsten, besonders in N-Deutschland, langlebige, sehr robuste und gesunde Art. Vor Winternässe schützen.
Ernte: Die Zwiebeln im Herbst und Winter, die unterirdischen Brutzwiebeln werden im Boden belassen.
Verwendung in der Küche: Gekocht als Gemüse, ähnlich wie Kartoffeln oder zum Eindicken von Suppen. Die Zwiebeln schmecken leicht süß, an Pastinake erinnernd. Wird in China seit weit über 1000 Jahren als Nahrungspflanze angebaut (Phillips & Rix 1994: 236).

Anbau: Pflanzung von Zwiebeln im Herbst. In den Blattachseln bilden sich Bulben, die sich im Herbst lösen u. zur Vermehrung dienen.
Zierwert: Exotisch wirkender Spätsommerblüher.
Herkunft: Japan, Korea, O-China, Mandschurei, in den nordöstl. USA eingebürgert.
Besonderheiten: Neben der Tigerlilie ist *Lilium davidii* eine der am häufigsten verzehrten Lilienzwiebeln in China und Japan. Sie wird bis 150 cm hoch, hat orangerot-getupfte, hängende Türkenbundblüten an waagerecht abstehenden Stielen am reichbeblätterten Schaft. Die Ansprüche sind ähnlich denen der Tigerlilie, doch bevorzugt sie leicht beschattete Böden im sonnigen Gehölzrand. Die heimische Feuerlilie *Lilium bulbiferum* hat ebenfalls einen angenehm süßen, jedoch etwas mehligen Geschmack. Sie bevorzugt warme, sonnige Plätze mit einem möglichst kalkreichen, durchlässigen Boden. Auch eine wohlschmeckende Art ist *Lilium superbum*, sie kommt aus den USA, bevorzugt einen sauren Boden und blüht im Juli/August (FERN 2000: 82). Die ebenfalls heimische Türkenbundlilie *Lilium martagon* mit violettrosa Blüten im Juni/Juli wurde früher in nordeuropäischen Ländern in Milch gekocht (CHAMISSO 1987: 269).
Bezug: Im Blumenzwiebelhandel, ansonsten z.B. bei Fa. Hoch.

Muscari botryoides, Straußhyazinthe (Farbabb. S. 105)

Muscari botryoides, Straußhyazinthe *Liliaceae*
Beschreibung: Etwa 15 cm hoher Frühjahrsblüher mit straff aufrechten Blättern, die sich erst im Frühjahr bilden und einer fast kugeligen, azurblauen Blüte im April/Mai.
Standort: Gehölzrand. Im Frühling feuchte, sonnige und warme Plätze, die im Sommer eher trocken und schattig sein sollten, mit einem nährstoffreichen Boden.
Ernte: Die im Durchmesser etwa 3,5 cm große Knolle im Herbst, die Brutzwiebeln werden im Boden belassen.
Verwendung in der Küche: In Griechenland sind die gekochten Knollen mit ihrem leicht bitteren Geschmack eine Spezialität, am besten ist wohl, sie zu kochen und mit Kräutern in Öl einzulegen (FERN 2000: 148).
Anbau: Pflanzung der Knolle im Herbst 5 bis 8 cm tief, versamt sich leicht, wenn der Boden etwas offen und nicht zu stark von Vegetation bedeckt ist.
Zierwert: Blaublühender Frühjahrsgeophyt.
Herkunft: M-S-Europa, Klein-Asien.
Besonderheiten: Von *Muscari botryoides* gibt es auch eine reinweiße Form *Muscari botryoides 'Album'*, die auch wie oben beschrieben verwendbar ist. Eine ebenfalls essbare Knolle mit gleichen Standortansprüchen ist *M. neglectum*; diese Art hat dunkel bis schwarzblaue Blüten mit auffallend weißen Rand.
Bezug: Im Blumenzwiebelhandel, ansonsten z.B. bei den unter Bezugsquellen aufgeführten Wildpflanzengärtnereien.

Nymphaea alba, Weiße Seerose (Farbabb. S. 105)

Nymphaea alba, Weiße Seerose *Nymphaeaceae*

Beschreibung: Die Größe der Staude ist abhängig von der Wassertiefe, sie hat lederige, eirunde, dunkelgrüne Blätter und große, weiße, duftende Blüten, die von Mai bis August blühen.

Standort: Wasser. Die Seerose mag einen warmen, sonnigen Platz mit Stillwasser und einem nährstoffreichen, humosen Schlammboden, bei einer Wassertiefe von 100 bis 150 cm. Sie wächst aber noch zwischen 40 und 300 cm Wassertiefe. Bei wintertrockenen Standorten ist ein Frostschutz von 30 cm Laub notwendig.

Ernte: Die armstarken Rhizome im Frühjahr oder im Herbst mit dem Absterben der Blätter, kleinere Rhizomteile werden für einen Fortbestand im Boden belassen.

Verwendung in der Küche: Die Rhizome enthalten eine erhebliche Menge an Stärke, sie können zu Mehl verarbeitet werden, das mit Getreidemehl vermischt zum Brotbacken dient (FRANKE 1976: 78f). Ansonsten ist es auch möglich, die Rhizome zu kochen und als Gemüse zu verwenden (FERN 2000: 130).

Anbau: Vermehrung durch Wurzelstockteilung im Frühjahr, es reichen kleine Teilstücke mit Triebsprosse.

Zierwert: Blatt- und Blütenschmuck, wertvolle Wasserpflanze.

Herkunft: Europa, NW-Afrika, Palästina, Kaukasus, Kaschmir.

Besonderheiten: Die gelbe Teichrose *Nuphar lutea* hat kleinere, ungefüllte Blüten und ist in gleicher Weise verwendbar. Die Amerikanische Lotusblume *Nelumbo lutea* hat duftende, gelbe Blüten mit einem Durchmesser von 20-25 cm. Sie hat ähnliche Standortansprüche wie die Weiße Seerose, doch benötigt sie für ein ganzjähriges Wachstum im Freien eine Lage mit Weinbauklima und eine max. Wassertiefe von 60 cm (SCHUSTER 2000: 137). Die Wurzeln sind als Gemüse zu verwenden und erinnern im Geschmack an Süßkartoffeln. Außerdem können die halbreifen Samen roh oder gekocht gegessen werden, sie schmecken ähnlich wie Esskastanien (FERN 2000: 129).

Bezug: Die Weiße Seerose in jeder Staudengärtnerei mit Wasserpflanzensortiment, die gelbe Teichrose z.B. bei Gärtnerei Strickler, die Amerikanische Lotusblume ist nur in Gärtnereien erhältlich, die auf Wasserpflanzen spezialisiert sind, gegebenenfalls z.B. bei Kayser und Seibert.

Nelumbo lutea, Amerikanische Lotusblume

Orchis latifolius, Breitblättriges Knabenkraut

Orchis spezies, Knabenkraut *Orchidaceae*

Beschreibung: Die einheimischen Orchis-Arten sind ausdauernde, mittelgroße Stauden, etwa 10 bis 30 cm hoch, mit lanzettlichen, saftigen Blättern und kahlen Stängeln, an derem Ende die aufrechte Ähre sitzt. Die Orchideenblüten sind manchmal mit großen und gefärbten Trageblättern ausgestattet. Die Blütezeit liegt zwischen April und Juni (PAHLOW 1993: 187f) mit einem Farbspektrum der Blüte von rosa bis lila.

Orchis morio, Kleines Knabenkraut

Standort: Sumpfige Bereiche bis Freifläche. Sonnige bis absonnige Plätze mit einem wechselfeuchten, feuchten bis nassen, humosen Lehmboden. Das Breitblättrige Knabenkraut *Dactylorhiza majalis* wächst auf nährstoffreichen Feuchtwiesen mit einem nicht zu starken Säuregehalt, Herbstmahd notwendig. Das Kleine Knabenkraut *Orchis morio* bevorzugt magere Feuchtwiesen, Halbtrocken- und Trockenrasen mit einem eher kalkhaltigen Boden (Presser 1995: 68f).

Ernte: Die kugelige oder auch eiförmige Knolle zur Blütezeit (Anm. des Verfassers: Die Angabe über den Erntezeitpunkt erscheint unlogisch, doch war keine anderslautende Aussage zu finden). Folgende Arten haben zweigeteilte Knollen, wovon die pralle, hellere Tochterknolle geerntet wird, die dunklere Mutterknolle wird für ein weiteres Wachstum im Boden belassen: *Orchis-* oder *Dactylorhiza majalis, incarnata* u. *maculata* (Diels 1918: 71).

Potentilla anserina, Gänsefingerkraut (Farbabb. S. 106)

Verwendung in der Küche: Die Knolle kann roh oder gekocht gegessen werden. Traditionell wurde die Knolle auch zu Mehl verarbeitet und mit anderem Getreide zusammen für die Herstellung von Brot verwendet. Sie soll sehr nahrhaft und stärkend sein (Fern 2000: 82). Genaue Angaben über den Geschmack sind in der Literatur nicht zu finden. In früheren Zeiten hat man die unter dem Namen *Salep* bekannten Knollen getrocknet und später gekocht für verschiedene Gerichte verwendet (Diels 1918). Die Knolle wurde gewaschen, die verkorkten Stellen entfernt und 3 bis 5 Minuten in Wasser gekocht. Dann wurden die Knollen abgeseiht, mit kalten Wasser abgeschreckt und bei 50 bis 60°C Wärme getrocknet (Pahlow 1993).

Anbau: Die Knollen sind nur in Spezialgärtnereien z.B. bei Fa. Hoch in Berlin zu bekommen, da alle *Orchis*-Arten unter Naturschutz stehen. Eine Blüte bildet sich 4 Jahre nach der Aussaat. Für die Keimung ist ein im Boden vorhandener Pilz notwendig, deswegen nur Pflanzen mit Erdreich.

Zierwert: Auffällige Orchideen.

Herkunft: Europa, Asien teilweise N-Afrika und Sibirien.

Besonderheiten: Alle Orchis-Arten sind sehr selten geworden und unter Naturschutz gestellt, deswegen soll noch einmal darauf hingewiesen werden, dass dies keine Aufforderung zur Wildsammlung ist, ein Entnehmen aus der Natur ist verboten und strafbar. Folgende Arten sind wie oben beschrieben verwendbar: Die Orchis-Arten, jetzt als *Dactylorhiza majalis, D. incarnata* u. *D. maculata* bezeichnet, ansonsten *Orchis mascula, O. militaris* und *O. morio* und der Kerfstendel *Ophrys apifera*.

Bezug: z.B. bei Fa. Hoch und Strickler.

Potentilla anserina, Gänsefingerkraut *Rosaceae*

Beschreibung: Rankende, sich an den Knoten bewurzelnde Staude, die etwa 20 cm hoch wird, mit unpaarig gefiederten, gezähnten Blät-

tern, die unterseits silbrig behaart sind. Einzelne gelben Blüten von Juni bis August.
Standort: Freifläche. Sonnige bis halbschattige Plätze mit einem frischen, nährstoffreichen, dichten Lehm- oder Tonboden. Kriechpionier, Salz vertragend (TANGERMANN & SIMON 1993).
Ernte: Die Rhizome sind bei Wildvorkommen sehr klein, kultiviert können sie wesentlich größer werden. Ein Auslichten der Wurzelrhizome kann im Herbst stattfinden. Ernte der Blätter im Frühjahr, der Blüten im Sommer.
Verwendung in der Küche: Die Wurzel kann roh oder gekocht gegessen und getrocknet zu Mehl für Backwaren verarbeitet werden. Die Wurzel soll einen guten, knusprig-nussigen Geschmack haben (FERN 2000: 118f). Die Blätter haben, z.B. in Olivenöl gedünstet, einen angenehmen, bitteren Geschmack
Anbau: Breitet sich durch Ausläufer stark aus.
Zierwert: Leuchtender Sommerblüher, pflegeleichter Bodendecker.
Herkunft: Fast Kosmopolit.
Besonderheiten: In früheren Zeiten wurde das Gänsefingerkraut im schottischen Hochland als lagerfähiges Wurzelgemüse angebaut (PHILLIPS 1983: 155). Der Ertrag ist momentan niedrig, doch könnte die Pflanze durch gezielte Auslese ein Potential und eine Alternative zur Kartoffel darstellen (FERN 2000).
Bezug: Wildpflanzengärtnereien.

Psoralea esculenta, Breadroot *Leguminosae*

Beschreibung: Etwa 30 cm hohe Staude, mit haarigen, fünfteiligen Blättern und bläulichen Blüten von Mai bis Juli (SAUNDERS 1948: 7f).
Standort: Beet. Sonnige Plätze mit einem sandigen Lehmboden, der gut durchlässig ist. Die Pflanze ist in Mitteleuropa absolut frosthart (PFAF 2001: database).
Ernte: Die 2,5 bis 5 cm langen, kartoffelartigen Wurzeln können im Spätsommer/Herbst geerntet werden (SAUNDERS 1948), wenn die oberirdischen Teile der Pflanze abgestorben sind (HARRINGTON 1967).
Verwendung in der Küche: Die Wurzel wird roh, gekocht oder geröstet gegessen. Die Knolle kann auch getrocknet werden und ist dann gut lagerbar bzw. wird zu Mehl verarbeitet. Die Knolle enthält 70% Stärke, 9% Protein und 5% Zucker. Ihr Geschmack soll ähnlich dem der Süßkartoffel sein (SAUNDERS 1948).
Anbau: Im April den Samen vor der Aussaat 24 Stunden in warmem Wasser aufweichen und im Gewächshaus oder auf der Fensterbank vorziehen. Mitte Mai an den Freilandstandort pflanzen. Ansonsten Wurzelteilung im Frühjahr, jedoch sehr behutsam, da sehr empfindlich gegenüber Wurzelverletzungen (HUXLEY 1992: 750).
Zierwert: Bedingt Blütenschmuck, nicht sehr auffällig.
Herkunft: Nord-Amerika: Manitoba, N-Dakota und Wisconsin.
Besonderheiten: Die Pflanze war ein wichtiges Nahrungsmittel ver-

Psoralea esculenta, Breadroot

schiedener nordamerikanischer Indianerstämme und auch bei den Siedlern sehr beliebt (SAUNDERS 1948). Um 1800 wurde die Pflanze als potentielle Feldfrucht in Europa eingeführt, etablierte sich jedoch nicht (WEINER 1980).
Bezug: z.B. bei PFAF in Großbritannien.

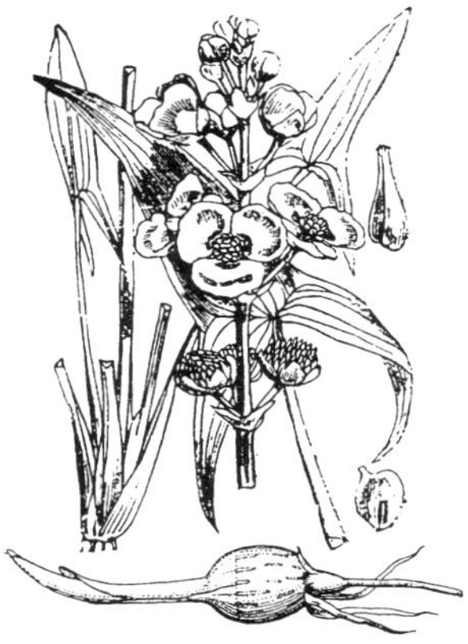

Sagittaria sagittifolia, Pfeilkraut

Sagittaria sagittifolia, Pfeilkraut *Alismataceae*

Beschreibung: Bis etwa 1m hoch werdende Wasserpflanze mit großen, pfeilförmigen Überwasserblättern, froschlöffelartigen Schwimmblättern und 10-80 cm langen und 2 cm breiten Unterwasserblättern. Hat im Juni/Juli 2-4 cm große, weiße Blüten, die am Grund einen braunroten Fleck aufweisen (SCHUSTER 2000: 165f).
Standort: Wasser. Sonniger Platz mit einer Wassertiefe von 10 - 30 cm mit einem nährstoffreichen Boden.
Ernte: Die länglichen Knollen ganzjährig. Durch Versuche der TU Berlin an einem Teich wurde festgestellt, dass eine Ernte von zwei Fünftel des Wurzelstocks alle 5 Wochen durch den ständigen Zuwachs der Pflanze ausgeglichen wird (SEMAR 1989: 54).
Verwendung in der Küche: Die Knollen enthalten reichlich Stärke, roh haben sie einen nussigen Geschmack, gekocht zerfallen sie in eine schleimige, mehlige Substanz und sind im Geschmack gekochten trockenen Erbsen ähnlich (DIELS 1918: 69f).
Anbau: Vermehrt sich durch Ausläufer und Selbstaussaat.
Zierwert: Dekoratives Blattwerk und Blütenschmuck.
Herkunft: Eurasien.
Besonderheiten: In der Schweiz geschützte Art. Das Chinesische Pfeilkraut *Sagittaria sinensis* wird in China wegen der stärkereichen Knolle angebaut, die nordamerikanische Art *S. latifolia* wurde von den dortigen Indianern gegessen. Beide Arten wachsen mehrjährig in Mitteleuropa nur im Kalthaus (PHILLIPS & RIX 1994: 237).
Bezug: In jeder Staudengärtnerei mit Wasserpflanzensortiment erhältlich, ansonsten z.B. bei Strickler.

Sium sisarum, Zuckerwurz

Sium sisarum, Zuckerwurz *Apiaceae*

Beschreibung: Altes mitteleuropäisches Wurzelgemüse, wird etwa 60 bis 80 cm hoch, mit gefiederten Blättern und schönen weißen Doldenblüten im Juni/Juli.
Standort: Beet. Sonniger Platz mit einem mäßig feuchten Boden.
Ernte: Ab dem ersten Jahr können die Wurzeln den ganzen Winter über geerntet werden. Pro Pflanze bilden sich Bündel mit 10-15 Wurzeln von 15-30 cm Länge und 2-3 cm Dicke, wobei die kleineren Wurzeln für einen Weiterbestand im Boden belassen werden. Am besten schmecken die einjährigen Wurzeln nach dem ersten Frost (BOHL 2000: 14).
Verwendung in der Küche: Der Geschmack liegt zwischen dem von Petersilie und Pastinake, ähnlich Kerbelrübe, aber süßer. Als Roh-

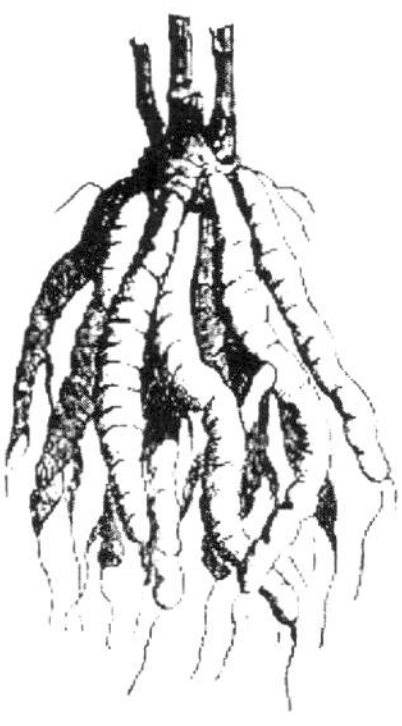

Sium sisarum, Zuckerwurz

kost oder gekocht, z.B. als Püree (ARCHE NOAH 2001: 120). Ein Nachteil der Wurzel ist ihre mehr oder weniger dicke, zentrale, holzige Ader. Im Burgund wird die Wurzel gekocht, anschließend in Butter geröstet und mit Pfeffer bestreut. Ein anderes Rezept: die gekochte Wurzel in Bierteig backen (LIEBSTER 1990: 319).
Anbau: Das Saatgut ist nur kurz und relativ schlecht keimfähig. Besser ist die Vermehrung durch Teilung.
Zierwert: Zierlicher Doldenblütler.
Herkunft: Ungarn bis S-Russland, Kaukasus, Iran, Turkestan, Altai, Baikal, Klein Asien u. Syrien.
Besonderheiten: Schon Karl der Große empfahl den Anbau der Zuckerwurz (Dreschflegel 2000: 38).
Bezug: z.B. bei Dreschflegel, Otzberg Kräuter und bei den verschiedenen Sortenerhaltern.

Sium sisarum, Zuckerwurz (Farbabb. S. 106)

Stachys sieboldii syn. affinis, Knollenziest *Labiatae*

Beschreibung: Buschige, etwa 30-45 cm hoch werdende Staude mit rauhen, elliptischen Blättern, die ein wenig an Pfefferminze oder Zitronenmelisse erinnern. Eine Blüte findet nur selten statt (VOGEL 1996: 565ff).
Standort: Beet. Sonniger Standort mit einem nährstoffreichen, wasserdurchlässigen, feuchten Boden, am besten sind mittelschwere Lehm- und Lößlehmböden, Laubmulch im Winter ist zu empfehlen.
Ernte: Nachdem das Laub abgestorben ist, nicht vor Oktober, können die Knollen den ganzen Winter über nach Bedarf ausgegraben werden. Pro Pflanze entstehen mehrere etwa 3-8 cm lange und 1-2 cm dicke perlschnurartige, helle Wurzelknollen, die sich wie bei der Kartoffel an Ausläufern im Boden bilden. Die Knollen sind nur begrenzt lagerfähig (feucht und kühl). An der Luft trocknen sie sehr schnell aus, deswegen am besten nur direkt zur Verarbeitung ernten.
Verwendung in der Küche: Die Knollen sind wegen ihrer kleinen, wenig glatten Form schwierig zu reinigen. Sie können roh gegessen werden, der Geschmack soll wohlschmeckend knackig und nussartig sein. Ansonsten können sie wie Kartoffeln verarbeitet werden. Gekocht in Salzwasser sollen sie eher geschmacksneutral sein (ARCHE NOAH 2001: 115). In anderen Quellen wird der Geschmack dagegen als eine Mischung aus Artischocke, Blumenkohl und Schwarzwurzel beschrieben (DITTRICH 2001: 44). Die Außenhaut der Knollen ist nicht verhärtet, dewegen brauchen sie nicht geschält zu werden. Tiefgefroren sollen sie sich ohne Qualitätseinbußen mindestens 9 Monate halten.
Anbau: Die Saatknollen können im Februar/März gepflanzt werden, solange der Boden offen ist (VEN 2001: 23). Die Pflanze hält sich über Knollenvermehrung selbst im Garten. Für den erwerbsmäßigen Anbau ist alle zwei Jahre meristemvermehrtes, virusfreies Pflanzmaterial nötig. Ansonsten deutliche Ertragsrückgänge (VOGEL 1996).

Stachys sieboldii syn. affinis, Knollenziest

Zierwert: Unscheinbarer Bodendecker.
Herkunft: Mittel- und Nord-China.
Besonderheiten: Gilt in Frankreich als Delikatesse. Neben dem Knollenziest sind zwei weitere Arten des Ziest als Gemüse nutzbar: Der Sumpfziest *Stachys palustris* der wegen der verdickten Rhizome, die als Gemüse dienen, versuchsweise um 1850 in Norddeutschland angebaut wurde. Und *Stachys riederi* der in der Mongolei zur Nutzung der Rhizome in Gärten kultiviert wird (VOGEL 1996).
Bezug: Knollenziest ist z.B. bei Dreschflegel und Syringa erhältlich, Sumpfziest in Wildstaudengärtnereien.

Adenophora liliifolia, Schellenblume (Farbabb. S. 101)

Kurzbeschreibungen

Adenophora liliifolia, die Schellenblume, wird etwa 80 cm hoch, hat elliptisch-lanzettliche Blätter und glockenblumenähnliche blaue Blüten im Juli/August. Die Pflanze wächst mit Vorliebe im absonnigen Gehölzrandbereich von Steinanlagen, mit einem frischen bis mäßig sommertrockenen Boden. Die dicke, fleischige Wurzel hat einen süßlichen Geschmack und kann gegart als Gemüse verwendet werden, z.B. in Suppen (SCHNELLE & RUBEN 2001: 6). Die Pflanze steht unter Naturschutz, deswegen ist eine Wildsammlung nicht erlaubt.
Bezug: z.B. bei Hof Berg-Garten.

Alstromera ligtu, Inkalilie (Farbabb. S.101)

Alstromera ligtu, die Inkalilie, wird etwa 80 cm hoch, hat lineale, blaugrüne, 8 cm lange Blätter und schöne große Blüten in weiß, rot und verschiedenen Rosa- und Lilatönen im Juni/Juli (FRANK 1986: 82). Sie ist eine winterempfindliche Beetstaude, vor Winternässe ist sie zu schützen. Ansonsten ist ein warmer, sonniger Platz mit einem durchlässigen, lehmigen, mäßig trockenen bis frischen Boden zu empfehlen, mit einem Winterschutz aus Laub. Die gekochten fleischigen Wurzeln sollen sehr nahrhaft sein (SCHNELLE & RUBEN 2001: 7). Die stärkehaltigen Knollen auch anderer *Alstromera*-Arten dienten den südamerikanischen Ureinwohnern als ein Nahrungsmittel, ähnlich der Kartoffel (FRANK 1986: 81).
Bezug: Eine rosafarbene Züchtung ist z.B. bei Fa. Hoch erhältlich.

Armoracia rusticana, Meerrettich (Farbabb. S. 102)

Armoracia rusticana, der Meerrettich, ist eine sehr pflegeleichte Staude für den Gehölzrand. Er wird wegen seiner scharfschmeckenden Wurzel angebaut, die im Herbst geerntet werden kann. Die Staude erreicht eine Höhe von etwa 80 cm, hat große dunkelgrüne Blätter und kleine weiße Blüten, die in hohen, verzweigten Blütenständen stehen. Es gibt auch eine attraktive buntblättrige Form (PHILLIPS & RIX 1994: 52).
Bezug: Meerrettich ist in den genannten Kräutergärtnereien erhältlich, siehe Bezugsquellen.

Butomus umbellatus, die Blumenbinse, eine Sumpfpflanze, die bis 40 cm Wassertiefe wächst, hat von Juni bis August schöne, weiße Doldenblüten (bei kleinen Teichen auch als Solitär geeignet) (SCHUSTER 2000: 68f). Der kurzkriechende Rhizom ist stärkehaltig, die Staude wird nach Angaben von 1918 in Russland gebraten oder zu Brot verarbeitet verzehrt (DIELS 1918: 70). Die Pflanze steht in der Schweiz und Teilen Österreichs unter Naturschutz.
Bezug: Die Blumenbinse ist in Staudengärtnereien mit einem Wasserpflanzensortiment erhältlich, ansonsten z.B. bei Strickler.

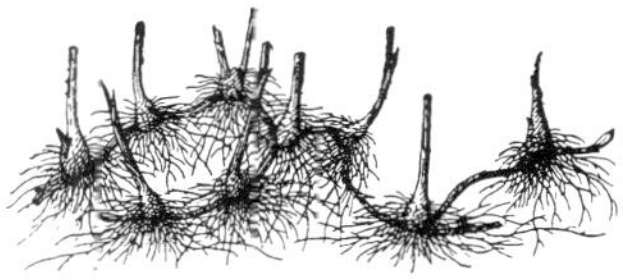

Butomus umbellatus, Blumenbinse

Conopodium majus, englisch *pignut,* ist eine weiße, doldenblütige, etwa 30 cm hohe Wiesenblume mit einer Blütezeit von Mai bis Juli. Die Pflanze hat kleine, walnussgroße Wurzelknollen, die roh oder gekocht gegessen werden können. Sie soll sehr nahrhaft und gutschmeckend sein (PHILLIPS 1983: 77). Anderen Angaben zufolge soll der Geschmack zwischen Haselnuss und Süsskartoffeln liegen. Kultiviert erzeugen die Pflanzen größere Knollen und könnten ein Potenzial für eine zukünftige Feldfrucht darstellen (FERN 2000: 78). Vor einer Verwechslung mit der Gemeinen Hundspetersilie *Aethusa cynapium* und dem Gefleckten Schierling *Conium maculatum* ist zu warnen.
Bezug: z.B. bei PFAF in Großbritannien.

Scirpus lacustris ssp. lacustris, See- oder Teichsimse

Scirpus lacustris ssp. lacustris, die See- oder Teichsimse, wächst im Flachwasser, wird 1 bis 3 m hoch und wuchert sehr. Die stärkehaltige Wurzel und die Rhizomspitzen können roh oder gekocht verzehrt werden. Roh sollen die Rhizomspitzen knusprig und süß schmecken. Der Samen und die Pollen lassen sich zu einem Mehl verarbeiten, jedoch ist die Ernte sehr aufwendig (FERN 2000: 134).
Bezug: z.B. bei Strickler oder anderen Staudengärtnereien mit einem Wasserpflanzensortiment.

Wasabia japonica 'Matsum' Japanischer Meerrettich (Farbabb. S. 106)

Wasabia japonica 'Matsum', der Japanische Meerrettich, ist die Grundsubstanz für die grüne scharfe Paste, die mit Sojasauce zu Sushi gegessen wird. Die winterharte Staude wird etwa 30 cm hoch, hat herzförmige Blätter und kleine, weiße Blüten (PHILLIPS & RIX 1994: 55). Sie gedeiht im schattigen, kühlen Gehölz in einem feuchten, nahrhaften Boden. Für die Paste werden Blätter, Stängel und Wurzel verarbeitet, jedoch können auch die Blätter pur an Salat gegessen werden (RÜHLEMANN 2000: 81). Nach ZANDER ist die neue Bezeichnung *Eutrema wasabi* (ZANDER 1993), die Pflanze wird jedoch unter dem vorherigen Namen gehandelt.
Bezug: z.B. bei Rühlemann.

Zweijährige und selbstaussäende Pflanzen

Bei der Ernte der folgenden Pflanzen ist unbedingt darauf zu achten, dass genügend Jungpflanzen im Bestand belassen werden, um den Fortbestand zu sichern.

Arctium lappa, Große Klette *Compositae*

Beschreibung: Die Klette ist zweijährig, wird 1 bis 1,5 m hoch, hat kräftige, wollig behaarte, oft rötliche Stängel sowie herz-eiförmige Blätter, die auf der oberen Seite grün und auf der unterern Seite filzig und grau sind. Die bläulich-roten Blütenstände tragen an den Blütenblättern gelblichgrüne Widerhäkchen und erscheinen im Juni/ Juli (PAHLOW 1993: 187).

Standort: Beet. Sonniger bis halbschattiger Platz, mit einem tiefgründigen (0,5 m), nährstoffreichen Boden mit einer guten Wasserversorgung.

Arctium lappa, Große Klette (Farbabb. S. 102)

Ernte: Die etwa 30-40 cm langen, fast zylindrischen Wurzeln etwa 3 Monate nach der Aussaat (BARTHA PICHLER 2001: 5), d.h. gewöhnlich ab September bis in den Winter. Im 2. Jahr wird die Wurzel holzig. Die junge Pflanze mit der zarten Wurzel ist von der älteren Pflanze mit der verholzten Wurzel durch den fehlenden Blütenstand zu erkennen. Pro Quadratmeter Anbaufläche ist bei den Zuchtsorten eine Ernte von 3 bis 5 kg zu erwarten.

Verwendung in der Küche: Die Wurzeln waschen und bürsten, die dunkle Haut abschaben. Danach etwa eine 1/2 Stunde in kaltes, leicht gesalzenes Wasser mit etwas Essig einlegen. Anschließend die Wurzel 20-30 Minuten kochen. Der Geschmack erinnert an Artischocken oder Schwarzwurzeln.

Anbau: Aussaat vorzugsweise im Juli, etwa 1 cm tief. Nach einer Woche auslichten auf einen Abstand von 30 bis 50 cm (BARTHA PICHLER 2001). Vermutlich ist die Klette an einem geeigneten Standort selbstausäend, wenn bei der Ernte Pflanzen für eine Samenbildung belassen werden. Die Klette ist ein Selbstbestäuber (FISCHER 2000: 106).

Zierwert: Blattschmuck, und in gewisser Weise Blütenschmuck wegen der skurrilen Blüte.

Herkunft: Europa, Klein Asien, Kaukasus, Sibirien, Altaigebirge, China; im nordöstl. N-Amerika eingebürgert.

Besonderheiten: „Die Zuchtsorten der Klette, die als Wurzelgemüse verwendet werden, wurden Ende des 19. Jahrhunderts aus Japan importiert. Dort spielen sie in der Küche eine große Rolle. Bei uns war die Klette, die wildwachsend in Auwäldern und an Ruderalstandorten zu finden ist, nur als Wildgemüse in Verwendung, das man sammelte, aber nicht selbst anpflanzte oder züchterisch bearbeitete" (BARTHA PICHLER 2001: 5). Als Züchtungen gibt es in Deutschland *Arctium lappa var. sativa 'Gobo'* mit einer 30 bis 60 cm

langen Wurzel und die großwüchsige *Arctium lappa var. sativa 'Lange Tokinogawa'* mit Wurzeln, die bis über 1 m lang werden (Fischer 2000: 106).
Bezug: Züchtungen z.B. bei Grüner Tiger und den verschiedenen Sortenerhaltern, Wildform in Wildstaudengärtnereien.

Oenothera biennis, Nachtkerze (Farbabb. S. 105)

Oenothera biennis, Nachtkerze *Oenotheraceae*

Beschreibung: Zweijährige Pflanze, die bis zu 200 cm hoch wird, mit großen, gelben Blüten, die einen feinen Duft verströmen.
Standort: Freifläche. Sonniger Platz mit magerem Boden, bevorzugt wird ein sandiger Lehm, der einen guten Wasserabzug hat, weit verbreitet auf Ödland und Eisenbahndämmen.
Ernte: Die Blüte von Juli bis September (Nachtblüher, vormittags noch offen). Die bis 20 cm langen Wurzeln (Rüben) von einjährigen Pflanzen von Herbst bis Frühjahr und die jungen Blätter im Frühjahr.
Verwendung in der Küche: Die Blüte hat einen süßen Geschmack und kann roh gegessen werden. Die fleischige Wurzel roh, gekocht oder am besten in Scheiben angebraten, die Blätter als Gemüse. Wurzel und Blätter brennen oft am Gaumen, sogar noch, nachdem sie gekocht wurden. Daher ist zu raten, sie mit anderen Gemüsesorten zu mischen (Couplan 1998: 136f). Der Geschmack soll ähnlich dem der Schwarzwurzel sein (Storl 1982: 276).
Anbau: Aussaat im Juni, bei früherer Aussaat kann es zu Schossern kommen (Bohl 2000: 14). Versamt sich leicht.
Zierwert: Reich- und langblühende Staude mit großen gelben, nachtblühenden Schalenblüten.
Herkunft: Im 17. Jhr. aus Nordamerika eingeführt, mittlerweile in Europa eingebürgert.
Besonderheiten: Die Nachtkerze ist ein altes Gemüse und wurde früher wegen der Wurzel, die beim Kochen eine rote Farbe annimmt 'Schinkenwurz' genannt (Dreschflegel 2000: 38). Es gibt diverse Sorten, von denen nicht bekannt ist, ob sie verzehrt werden können, z.B. die nur 20 cm hohe *O. missouriensis* und die tagblühende *O. cheiranthifolia*. Aus den Samen kann ein sehr heilwirkendes Öl mit einem hohen Gamma-Linolensäuregehalt (10 Prozent) hergestellt werden (Pahlow 1993: 238f).
Bezug: Wildpflanzen- und Kulturpflanzengärtnereien sowie bei den Sortenerhaltern.

Oenothera biennis, Nachtkerze

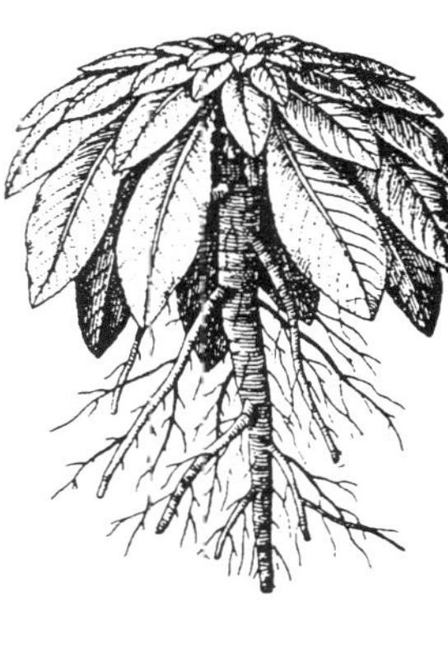

Oenothera biennis, Nachtkerze

Kurzbeschreibungen

Scorzonera hispanica, die Schwarzwurzel, ist mehrjährig, wird jedoch 1 bis 1,5 jährig angebaut, wobei die Wurzel aber auch noch im 2. Jahr gut verwertbar ist, wenn die Pflanze Blüten bildet. Ältere Wurzeln verholzen allerdings. Die Pflanze wird 70 bis 120 cm hoch

und hat intensiv gelb gefärbte Blüten von Juni bis August (VOGEL 1996: 127ff). Die Blütenknospen können gedünstet gegessen werden. Es soll möglich sein, die Wurzel zu ernten und danach den oberen Teil der Pflanze wieder einzupflanzen. Aus der Pflanze bilden sich dann erneut viele kleinere, essbare Wurzeln (FUTURE FOODS 1999: 25). Die Schwarzwurzel ist vermutlich selbstaussäend und so in einem mehrjährigen Bestand haltbar. Voraussetzung ist die alleinige Ernte von nur einjährigen Wurzeln und das Belassen einiger Pflanzen im Boden für eine Samenbildung.
Bezug: Bei den angegebenen Kulturpflanzengärtnereien.

Ebenfalls essbare Wurzeln haben *Campanula rapunculus* und *Crambe tataria*, siehe Kapitel 'Essbare Blätter und Triebe', S. 44/47.

Essbare Früchte

Mehrjährige Pflanzen

Cornus canadensis, Teppichhartriegel *Cornaceae*
Beschreibung: Halbstrauchige Waldpflanze, die etwa 10 cm hoch wird, mit unterirdisch kriechenden Trieben, Blütenstängel mit 6teiligem Blattquirl an der Spitze, sattgrünen Blättern mit markanter Äderung und einer kleinen, weißen, zierlichen Blüte im Mai/Juni sowie leuchtend roten Früchten im Herbst.
Standort: Gehölz. Schattiger bis halbschattiger Platz mit einem frischen, humosen (Moder), sauren Boden wie unter Nadelbäumen.
Ernte: Die etwa 6 mm großen Früchte im Oktober.
Verwendung in der Küche: Die Früchte haben einen angenehmen, jedoch nicht sehr intensiven Geschmack und können roh oder gekocht gegessen werden (FERN 2000: 206).
Anbau: Wurzelstockteilung, bzw. Ausläufer.
Zierwert: Blatt- und Blütenschmuck. Wirkungsvoller Bodendecker mit geringem Pflegeaufwand.
Herkunft: Nordamerika, von Neufundland bis Alaska, südlich bis W-Virginia, Colorado und Kalifornien sowie Japan, Korea und O-Sibirien.
Besonderheiten: *Cornus suecica* ist im arktischen Gebiet verbreitet; eine kleinere, zierlichere Pflanze mit schwarzpurpurnen Blüten (PHILLIPS & RIX 1992: 140), jedoch ist nicht bekannt, ob diese Pflanze essbare Früchte hat.
Bezug: In Staudengärtnereien und teilweise in Baumschulen.

Cornus canadensis, Teppichhartriegel (Farbabb. S. 107)

Elymus arenarius, Strandroggen *Gramineae*
Beschreibung: Ausdauerndes Gras mit bis zu 1 cm breiten, stahlblauen, leicht bereiften Blättern, die bis zu 100 cm lang werden.
Standort: Freifläche - Felssteppen. Sonniger, warmer Standort mit einem nährstoffhaltigen, sandigen, mäßig trockenen Boden.
Ernte: Die Körner wahrscheinlich Juli/August. Der Ertrag wird als niedrig beschrieben, da die Körner recht klein sind. In den USA wird mit verschiedenen *Elymus spezies* experimentiert (FERN 2000: 261f).
Verwendung in der Küche: Die kleineren Samen können wie Roggen verwendet werden, in Island wurden sie früher als Mehl- und Körnerlieferant genutzt (EBEL 1990: 8) .
Anbau: Aussaat März/April oder September, kann schnell lästig werden, da stark durch Ausläufer ausbreitend.
Zierwert: Bläuliches Ziergras, wird zur Dünenbefestigung verwendet.
Herkunft: Küsten M-, N- u. W-Europas, S-Nowa Semlja.
Besonderheiten: *Elymus arenarius* eignet sich hervorragend zur Dünenbefestigung. *Elymus giganteus 'Glaucus'* wird bis 150 cm hoch und hat breite, blaubereifte Blätter. Andere *Elymus spezies*, die ebenfalls nur kleine Samen haben und in gleicher Weise verwendet werden können, sind *E. canadensis* und *E. glauca,* sowie die von den nordamerikanischen Indianern als Nahrungsmittel genutzte *E. condensatus* und *E. triticoides* (FERN 2000: 261). Neue Bezeichnung nach ZANDER: *Leymus*.
Bezug: In Staudengärtnereien und z.B. bei Strickler.

Fagopyrum dibotrys, Stauden-Buchweizen *Polygonaceae*
Beschreibung: Eine kräftige Staude, die bis 1,50 m hoch wird und im Spätsommer weiß blüht.
Standort: Freifläche. Sonnig bis halbschattig, relativ hoher Wasserbedarf, ansonsten sehr tolerant im Bezug auf die Bodenansprüche, wächst sogar auf Rohböden. Frostempfindliche Triebspitzen
Ernte: Die Blätter ab Mai bis in den Herbst, die Samen im Herbst. Die Samen sind etwas kleiner als bei dem einjährigen Buchweizen.
Verwendung in der Küche: Die Blätter können roh oder gekocht gegessen werden, roh sollen sie nicht wirklich schmackhaft sein, zubereitet wie Spinat dagegen sehr. Der Samen kann in gleicher Weise wie der einjährige Buchweizen als Getreide genutzt werden.
Anbau: Aussaat. Um ein invasives Ausbreiten zu verhindern, sollte der Wurzelraum seitlich abgegrenzt werden. Ansonsten ist die Pflanze auch stark selbstaussäend. Für die Samenentwicklung benötigt die Pflanze einen Pollenpartner in Form einer gleichen Pflanze in Gattung und Art, jedoch unterschiedlicher Herkunft.
Zierwert: Knöterichartiges Gewächs, unscheinbar.
Herkunft: Unbekannt, vermutlich Asien.
Besonderheiten: Die Blüten sind sehr beliebt bei Insekten (FERN 2000: 111). Wird im Himalaja als Nahrungspflanze angebaut (PHILLIPS &

Rix 1994: 113). Nach Angaben aus privaten Versuchen entwickelt sich die Pflanze an geeignetem Standort nach 3 bis 4 Jahren zu einer Höhe von 2 m und beansprucht eine Grundfläche von 2 - 3 qm. Eine Pflanze in diesem Stadium erlaubt eine dauernde Ernte. Ein- bis zweimal im Jahr soll ein radikaler Rückschnitt auf 30 cm verjüngend wirken.
Bezug: z.B. bei Arche Noah unter der Bezeichnung *Fagopyrum cymosum* erhältlich.

Fragaria spezies, Erdbeere *Rosaceae*

Fragaria spezies, Erdbeere

Beschreibung: Die Kultur-Erdbeere hat je nach Sorte unterschiedlich große Früchte, sie wird etwa 20 cm hoch, hat dreizählige, langgestielte Blätter und weiße Blüten.
Standort: Beet. Bevorzugt wird ein sonniger Standort mit einem humusreichen Boden, der einen leicht sauren (pH 5-6,5) bis nahezu neutralen (pH 7) pH-Wert hat. Ansonsten gibt es keine speziellen Bodenansprüche. Nicht geeignet für extrem spätfrostgefährdete Lagen.
Ernte: Ab Ende Mai bis in den Juli hinein. Abhängig von Sorte und Lage. Es ist ratsam, den Boden vor der Ernte mit Stroh zu mulchen, da die Früchte in Kontakt mit feuchtem Boden leichter schimmeln. Bei guten Kulturen kann der Ertrag 500 g je Pflanze betragen.
Verwendung in der Küche: Früchte roh oder als Marmelade.
Anbau: Vermehrung vegetativ durch Ausläufer von Mitte Juli bis Mitte August. Einige alte Sorten benötigen zur Befruchtung andere Sorten. Die Blüten der neueren Sorten sind in der Regel zwittrig, also selbstbefruchtend. Nach der Ernte sollten die Pflanzen zurückgeschnitten werden (Berling et al. 1997: 389ff).
Zierwert: Blüten- und Fruchtschmuck. Zierlicher Bodendecker.
Herkunft: Kulturpflanze.
Besonderheiten: Die kletternden Sorten tragen bis in den Frost hinein Früchte. Es gibt eine große Vielzahl an Sorten mit unterschiedlichen Eigenschaften, wie z.B. immertragende Sorten, die durchgehend von Juni bis Oktober geerntet werden können, die Gesamternte erreicht die Menge der sommertragenden Sorten. Großfruchtige, immertragende Sorten sind *Mara des Bois*, *Evita* und *Rapella*. Eine rosa blühende, immertragende Sorte ist *Vivarosa*. Ansonsten gibt es Ausläufer bildende Bodendecker-Erdbeeren, die aus einer Kreuzung von Walderdbeeren und Kulturerbeeren entstanden sind. Die Früchte erreichen die Größe einer mittelgroßen Kultursorte und reifen von Mitte Juni bis Anfang Juli.
Bezug: Die genannten Sorten sind z.B. bei der Gärtnerei Häberli erhältlich. Viele alte Sorten mit besonderem Geschmack und Aussehen sind vom Aussterben bedroht, die verschiedenen Nutzpflanzenerhalter (VEN, Arche Noah, Pro Specie Rara) versuchen, diese Arten aufzufinden, zu vermehren und wieder zugänglich zu machen. Insbesondere ist eine Vielzahl an Sorten bei dem 1997 von Pro Specie Rara organisierten Projekt „Schweizerische Beerensammlung" zu finden.

Fragaria vesca, Walderdbeere *Rosaceae*

Fragaria vesca, Walderdbeere (Farbabb. S. 107)

Beschreibung: Kleinfrüchtige Erdbeere, die etwa 20 cm hoch wird und weiß blüht.
Standort: Gehölzrand. Sonnig bis schattig auf frischem, nährstoffreichen, steinigen, auch sandigen Lehmboden, Humuszehrer, kalkliebend.
Ernte: Ab Mai/Juni bis in den Spätherbst.
Verwendung in der Küche: Früchte roh.
Anbau: Aussaat und Ausläufer. Der Boden sollte die ersten 2 bis 3 Jahre offen gehalten werden, so dass die Pflanze sich verbreiten kann, danach kaum pflegebedürftig (Hansen & Stahl 1981: 216).
Zierwert: Blüten-, Blatt- und Fruchtschmuck, zierlicher Bodendecker
Herkunft: Europa.
Besonderheiten: Die Monatserdbeere *Fragaria vesca var. semperflorens* bildet keine Ausläufer. Die weiße Erdbeere *Fragaria viridis* hat über viele Monate, wohlschmeckende, saftige, weiße Früchte (Dreschflegel 2000: 28). Ihr Naturstandort sind Säume sonniger Trockengebüsche und lichte Eichen- und Kiefernwälder auf zumeist kalkreichen Böden im sommerwarmen Trockenklima. Seltener ist die unter Naturschutz stehende Zimterdbeere *Fragaria moschata*. Sie wächst im feuchten Gebüsch und in Erlen-Auenwäldern auf nährstoffreichen Böden (Tangermann & Simon 1993: 90).
Bezug: Die verschiedenen Arten sind in den Wildstaudengärtnereien z.B. Hof Berg-Garten und Strickler zu beziehen.

Myrrhis odorata, Süßdolde *Umbelliferae*

Beschreibung: Etwa 80 cm hoch werdend, große flachfiederschnittige Blätter und weiße Blüten in flachen Dolden, die nach Anis duften.
Standort: Gehölzrand. Warme, sonnige bis halbschattige Gartenwinkel mit frischen, nährstoffreichen, lehmigen Böden.
Ernte: Ab März die jungen Blätter. Junge, noch grüne Samen im Juni. Die Wurzeln im Winter - Frühjahr.
Verwendung in der Küche: Die jungen Blätter lassen sich für einen Frühjahrssalat, die Wurzeln wie Möhren verwenden (Dreschflegel 2000: 21). Die jungen, 2-3 cm großen Samen, können samt ihrer Umhüllung kleingehackt in diversen Gerichten wie z.B. Lammkeule gegart werden. Das Aroma aller Pflanzenteile ist eine Kombination aus Anis, Fenchel und Kerbel (Lestrieux & Belder 2000: 96). Die Samen schmecken auch roh an Müsli oder Obstsalaten. Die jungen Blätter lassen sich ebenfalls verwenden, sind aber nicht so aromatisch wie der echte Kerbel (Rühlemann 1999: 43).

Myrrhis odorata, Süßdolde (Farbabb. S. 108)

Anbau: Samen braucht Kälteeinwirkung, d.h. der Samen sollte einige Zeit im Tiefkühlfach liegen (Stratifizieren).
Zierwert: Schönes, farnartiges Laub. Wildstaudencharakter.
Herkunft: W.-Balkan, Pyrenäen, Alpen, Appenin.
Besonderheiten: Es besteht Verwechslungsgefahr mit Giftpflanzen.
Bezug: Wildstauden- und Kräutergärtnereien.

Physalis alkekengi var. alkekengi, Lampionblume (Farbabb. S. 107)

Rubus arcticus, Mesimarja (Farbabb. S. 108)

Physalis alkekengi var. alkekengi, Lampionblume *Solanaceae*

Beschreibung: Etwa 60 cm hohe Staude mit gelben Blüten von Mai bis August, und orangefarbenen Beeren, die in einer laternenartigen, durchscheinenden Hülle wachsen.
Standort: Gehölzrand. Halbschattig bis sonnig mit einem feuchten, humosen Boden, verwildert vor allem in Gehölzsäumen in Weinanbaugebieten (Hansen & Stahl 1981: 242).
Ernte: Die kirschgroßen Beeren, der Rest ist giftig.
Verwendung in der Küche: Die von den papierartigen Hüllen befreiten Beeren sind roh in Maßen genießbar oder gekocht als Marmelade (Arche Noah 2001: 148).
Anbau: Freilandaussaat, stark wuchernde Staude für größere Anlagen.
Zierwert: Zierender Fruchtschmuck.
Herkunft: Südl. M- u. S-Europa bis W-Asien.
Besonderheiten: Es gibt noch *Physalis alkengi var. franchetii* aus N-China mit großen, eiförmigen, leuchtendroten Laternenkelchen, doch ist nicht bekannt, ob sie zum Verzehr geeignet sind.
Bezug: z.B. bei Arche Noah und Rühlemann.

Rubus arcticus, Mesimarja *Rosaceae*

Beschreibung: Erdbeerähnliche Pflanze, wird etwa 20 cm hoch, mit dreifingrigen Blättern und rosa bis roten Blüten von Juni bis Juli und brombeerähnlichen, roten Früchten bis in den September.
Standort: Gehölz. Lichter Schatten unter Bäumen mit einem humosen und mäßig feuchten Boden, eine zusätzliche Düngung ist nicht notwendig.
Ernte: Die roten Früchte werden ab Juli bis in den August gepflückt, wenn sie tiefdunkelrot und etwas weicher geworden sind. Unreife Früchte sind zwar rot, jedoch sauer. Nach Versuchen im deutschen Mittelgebirge mit ertragsreichen Züchtungen von Mesimarja kann mit einer jährlichen Ernte von etwa 450 Gramm pro qm Anbaufläche gerechnet werden. Die Blätter können ganzjährig geerntet werden.
Verwendung in der Küche: Carl von Linné bezeichnete 1762 die Mesimarja als die schmackhafteste aller Früchte Europas. Denn die fruchtig süßen Früchte, die roh gegessen werden können, haben ein unvergleichlich weiches Aroma. Sie können aber auch zu Marmeladen, Liköre etc. weiterverarbeitet werden. Die Blätter lassen sich getrocknet oder auch frisch zu einem fruchtigen Tee verwenden (Henschel 2002: 28).
Anbau: Die Pflanzen vermehren sich recht schnell durch unterirdische Ausläufer. Für die Bestäubung ist es erforderlich, zwei verschiedene Sorten anzubauen, ansonsten bleibt die Pflanze steril.
Zierwert: In Estland wird die Mesimarja wegen ihrer wunderschönen roten Blüten als Zierpflanze angebaut.
Herkunft: Skandinavien, Nordhalbkugel hauptsächlich über und knapp unter dem Polarkreis.

Besonderheiten: Die Bezeichnung Mesimarja bedeutet in Finnland Honigbeere. Dort werden die Früchte auch zu einem vorzüglichen Likör verarbeitet (Kuhmichel 2000). Die verwandte Moltbeere *Rubus chamaemorus* mit ihrem charakteristisch muffigen Geschmack ist nur sehr schwierig anzubauen.
Bezug: z.B. bei Herrnberg Orchideen, Dillenburg.

Secale montana, Berg-Staudenroggen *Gramineae*

Beschreibung: Staudenroggen, wird bis 1,2 m hoch und bildet etwa 0,3 m breite Büschel. Hat feinere Ähren als Roggen und eine starke Bestockung, die andere Kräuter unterdrückt.
Standort: Freifläche. Sonniger Standort mit einem eher mageren und trockenen Boden.
Ernte: Wahrscheinlich Juli/August. Eine 5 Jahre alte Pflanze soll bis zu 100 fruchttragende Stängel bilden (Fern 2000: 120). Der Ertrag soll nach bisherigen Versuchen noch relativ niedrig sein (Dreschflegel 2000: 43).
Verwendung in der Küche: Die kleineren Samen können wie Roggen verwendet werden.
Anbau: Aussaat März/April oder September. Eine permanente Untersaat z.B. aus Weißklee soll sinnvoll sein, um eine gute Stickstoff-Bindung zu gewährleisten und vor Erosions zu schützen.
Zierwert: Blattschmuck, als Ziergras.
Herkunft: Alte Kulturpflanze.
Besonderheiten: Der Johannisroggen oder Waldstaudenroggen *Secale multicaule* ist auch mehrjährig. Er wird bis 2 m hoch, bildet langes Stroh und soll einen ähnlichen Ertrag wie Roggen bringen. Jedoch benötigt er wegen seiner Größe einen windgeschützten Standort (Arche Noah 2001: 67). Nach anderen Angaben wird der Ertrag des Waldstaudenroggen als eher niedrig beschrieben und gewöhnlich von Förstern für die Wildäsung eingesetzt. Doch gibt es auch züchterisch bearbeiteten Waldstaudenroggen mit einem bisherigen Ertrag von 5-20 dt/ha Anbaufläche, wie den Winterroggen *Permontra* und den Sommerroggen *Soperta*.
Bezug: Der Berg-Staudenroggen ist z.B. bei Dreschflegel, der Johannisroggen z.B. bei Arche Noah und die beiden Züchtungen sind z.B. bei der Deutschen Saatgutveredlung erhältlich.

Smilacina stellata, Schattenblume *Liliaceae*

Beschreibung: Ewa 30-60 cm hohe Staude mit grünem, zugespitzten Laub und cremefarbenen Blütenrispen von April bis Juni sowie rötlich-purpur, schwarz verfärbenden Beeren im Sommer.
Standort: Gehölz. Schattige bis halbschattige Plätze mit einem frischen bis mäßig feuchten, nährstoffreichen Boden.
Ernte: Die jungen Triebe im zeitigen Frühjahr, die Früchte im Sommer, die Wurzeln im Herbst.

Verwendung in der Küche: Die jungen Triebe wie Spargel zubereiten, jedoch das Kochwasser zweimal wechseln. Die Früchte können roh gegessen werden, sie haben einen bitter-süßen Geschmack, der Verzehr in großen Mengen kann abführend wirken. Die Wurzeln lassen sich wie Kartoffeln nutzen, jedoch sollten sie vorher eingeweicht werden, um die Bitterstoffe zu lösen (FERN 2000: 74f).
Anbau: Breitet sich über Rhizome aus.
Zierwert: Wertvolle Schattenstaude mit Blatt-, Blüten- und Fruchtschmuck.
Herkunft: Nordamerika.
Besonderheiten: *Smilacina racemosa* ist in der gleichen Weise verwendbar, nur sind die Blätter kürzer und breiter, in der Erscheinung ähnlich dem Salomonsiegel. Der Geschmack der Früchte soll weniger gut sein.
Bezug: In Staudengärtnereien oder z.B. bei PFAF in Großbritannien.

Streptopus amplexifolius, Knotenfuß *Convallariacea, früher Liliaceae*

Beschreibung: Etwa 70 cm hohe Waldstaude mit schlanken, verästelten Stielen, herzförmigen, stängelumfassenden Blättern und grünweißen, ca. 1 cm langen Blüten im Juli/August sowie roten Beeren.
Standort: Gehölz. Schattiger bis halbschattiger, kühler Platz mit ausreichend Luft- und Bodenfeuchte und einem nährstoffreichen Boden.
Ernte: Die jungen Triebe im Frühjahr. Die Früchte, etwa so groß wie schwarze Johannisbeeren im frühen Herbst. Die Wurzeln im Spätherbst.
Verwendung in der Küche: Die Früchte können roh oder gekocht gegessen werden, sie sind saftig, mit einem Geschmack, der an Gurke erinnert. Große Mengen der rohen Früchte können abführend wirken. Die jungen Triebe werden roh verzehrt oder wie Spargel zubereitet, die Wurzeln sind roh genießbar (FERN 2000: 75). Triebe und Wurzeln sollen im Geschmack ebenfalls an Gurken erinnern.
Anbau: Aussaat, schneckenempfindlich.
Zierwert: Schattenstaude mit Blatt-, Blüten- und Fruchtschmuck.
Herkunft: Europa, Asien, Nordamerika.
Besonderheiten: Die Nordamerikanische Art *Streptopus roseus* wird nur 40 cm hoch, sie hat sehr elegante, schlanke, im oberen Teil verzweigte Stängel mit breitlanzettlichen Blättern, zartrosa Blüten im Juni/Juli und ebenfalls rote Beeren (PHILLIPS & RIX 1992: 81). Ansprüche und Verwendung wie *Streptopus amplexifolius*, die Früchte sollen jedoch nach Wassermelone schmecken (FERN 2000).
Bezug: In Staudengärtnereien mit umfangreichen Sortiment oder z.B. bei PFAF.

Kurzbeschreibungen

Glyceria fluitans, der Schwaden oder das Süßgras, hat seine Bezeichnung aufgrund der süß schmeckenden Samen, weswegen die Pflanze an manchen Orten in Europa bis in das 20. Jhr. angebaut wurde (Fern 2000: 133). Es handelt sich um eine sehr wuchskräftige Grasart, die für Uferbefestigungen geeignet ist. Wächst im flachen Wasser und ebenso in gewöhnlichem Gartenboden, wuchert leicht (Schuster 2000: 96).
Bezug: Zu beziehen ist die Pflanze z.B. bei Kayser und Seibert.

Triticum turgidum 'Perennial' ist eine mehrjährige Weizenzüchtung aus den USA, die Pflanzen leben jedoch nur 2 bis 3 Jahre (Fern 2000: 120). Der Samen ist, soweit bekannt, nur in den Staaten zu erhalten, oder gegebenfalls bei PFAF.
Es soll auch in Europa eine perennierende Kreuzung aus Weizen und Quecke gegeben haben, die nach dem 2. Weltkrieg verloren ging.

Zweijährige und selbstaussäende Pflanzen

Zizania aquatica, Wasserreis *Graminaceae*
Beschreibung: Einjähriges Gras, das etwa 2 - 3 m hoch wird und Anfang August blüht.
Standort: Wasser. Sonniger Platz mit einer Wassertiefe von 1 - 2 m.
Ernte: Wahrscheinlich im September. Traditionell erfolgte die Ernte mit dem Kanu, die Rispen wurden über das Boot gezogen und die Körner durch vorsichtiges Klopfen vom Fruchtstand gelöst (Ebel 1990: 35).
Verwendung in der Küche: Zubereitung wie Reis.
Anbau: In Anbauversuchen von 1862 - 66 wurde der Reis Ende März in einem Karpfenteich ausgesät, der im Winter trocken lag. Nach der Aussaat wurde der Teich geflutet, und im Mai sprossen die Pflanzen empor. Im Spätherbst entwickelten sich die Körner und säten sich erneut aus. In den folgenden Jahren wurde der Teich in Intervallen von 2 Jahren abgelassen und fror im Winter aus, trotzdem entwickelten sich im darauffolgendem Frühjahr wieder neue Pflanzen (Buvry 1868: 106f). Nach anderen Angaben ist die Vegetationszeit in unseren Breiten für eine volle Entwicklung der Frucht nicht immer genügend lang, deswegen wäre eine Vorzucht im Gewächshaus anzuraten. (Fern 2000: 131). Ansonsten ist anzumerken, dass der Anbau sehr schwierig zu sein scheint, da schon viele Versuche fehlgeschlagen sind.
Zierwert: Blattschmuck, Ziergras für Liebhaber.
Herkunft: Östliches N-Amerika.

Trapa natans, Wassernuß (Farbabb. S. 108)

Besonderheiten: Die Früchte des Wasserreis waren einst für viele Indianerstämme des östlichen Nordamerikas wichtigste Nahrungsquelle (EBEL 1990: 35). Mittlerweile wird dieser Wildreis in Bioläden angeboten, doch ist der Samen nicht für den Anbau geeignet, weil er ganz ausgetrocknet wird. Eine mehrjährige Art ist *Zizania latifolia* mit kleineren Körnern, jedoch ist nicht klar, inwieweit diese Art in unseren Breiten wächst (FERN 2000: 135).
Bezug: z.B. bei Kayser und Seibert, oder bei PFAF in Großbritannien.

Kurzbeschreibungen

Spergula arvensis var. sativa ist die großsamige Kulturform des Ackermeiers. Dieser wurde bis in das 20. Jhr. hinein noch auf den Shetland-Inseln angebaut, unter der Bezeichnung *mealplant*, d.h. Schrotmehlpflanze. Heute ist der Ackermeier noch als Unkraut in Getreidefeldern zu finden (PHILLIPS & RIX 1994: 9). Der Ackermeier steht in Österreich und der Schweiz unter Naturschutz (FLEISCHHAUER 2003: 325)

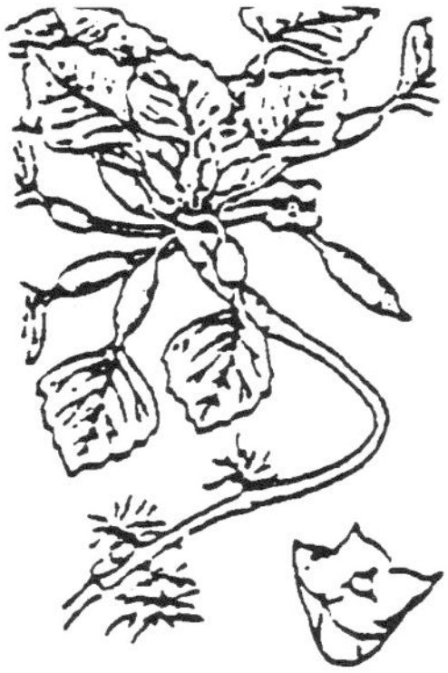

Trapa natans, Wassernuß

Trapa natans, die Wassernuß, ist eine einjährige Schwimmpflanze mit kleinen, weißen Blüten von Juni bis August. Wurde früher in Europa und heute noch in China wegen der essbaren und nussartig schmeckenden, stacheligen Früchte angebaut. Nach verschiedenen Angaben schwierig zu kultivieren, bevorzugt saures Wasser in stehenden Gewässern, kalkmeidend (FERN 2000: 128).
Die Früchte sollten nicht roh verzehrt werden, da sie toxische Stoffe enthalten, eine Mindestkochzeit von 1 Stunde ist notwendig. Nutzbar als Gemüse, auch geröstet oder als Mehl (LIEBSTER 1990: 293f). Bei geeignetem Standort ist eine Selbstvermehrung der Pflanze zu erwarten. Die Wassernuß steht unter Naturschutz.
Bezug: Zu beziehen in Staudengärtnereien mit Wasserpflanzensortiment, z.B. bei Kayser und Seibert.

Liste der Pflanzen nach Standort

(Standortbeschreibung siehe S. 19 - 20)

Gehölz

Allium ursinum, Angelica archangelica, Aruncus dioicus, Cornus canadensis, Erythronium dens-canis, Hosta spezies, Montia sibirica, Oxalis acetosella, Phytolacca americana, Polygonatum multiflorum, P. odoratum, P. verticillatum, Pteridium aquilinium, Pulmonaria officinalis, Ranunculus ficaria, Roscoea spezies, Rubus arcticus, Rumex patientia, Smilacina stellata, Streptopus amplexifolius, Symphytum officinale, Wasabia japonica

Gehölzrand

Adenophora liliifolia, Aegopodium podagraria, Allaria petiolata, Apios americana, Aquilegia vulgaris, Aralia cordata, Armoracia rusticana, Aruncus dioicus, Asparagus officinalis, Calochortus spezies, Chenopidium bonus-henricus, Dioscorea batatas, Erythronium dens-canis, Fragaria vesca, Fritillaria camtschatcensis, Hemerocallis spezies, Hesperis matronalis, Humulus lupulus, Lamium album, Malva moschata, Muscari botryoides, Myrrhis odorata, Passiflora incarnata, Physalis alkekengi var. alkekengi, Phyteuma spicatum, Plantago coronopus, Primula veris, Rheum rhabarbarum, Rumex patientia, Symphytum officinale, Urtica dioica, Viola odorata

Freifläche

Allium cepa L.var. proliferum, Allium spezies, Althaea officinalis, Anchusa azurea, Asclepias incarnata, Asphodeline lutea, Bellis perennis, Brassica oleraceae acephala 'Daubenton', Brassica oleraceae botrytis aparagoides, Brassica oleraceae var. oleraceae, Bunium bulbocastanum, Camassia quamash, Campanula rapunculus, Cardamine pratensis, Chrysanthemum majus, Chlorogalum pomeridianum, Chrysanthemum leucanthemum, Conopodium majus, Crambe maritima, Crambe tataria, Cynara cardunculus, Cynara scolymus, Elymus arenarius, Eremurus spectabilis, Eryngium maritimum u. campestre, Fagopyrum dibotrys, Foeniculum vulgare, Glycyrrhiza glabra, Heracleum sphondylium, Lathyrus tuberosus, Lepidium latifolium, Mertensia maritima, Oenothera biennis, Orchis spezies, Ornithogalum spezies, Platycodon grandiflorus, Polygonum bistorta, Potentilla anserina, Rumex patientia, Secale montana, Symphytum officinale, Triticum turgidum 'Perennial', Tulipa spezies, Verbascum thapsus

Steinanlagen

Allium cepa L.var. proliferum, Allium spezies, Anchusa azurea, Asphodeline lutea, Balsamorrhiza sagitatta, Campanula portenschlagiana, Campanula versicolor, Claytonia megarrhiza, Cynara cardunculus, Cynara scolymus, Dianthus spezies, Fritillaria camtschatcensis, Ipheion uniflorum, Ornithogalum spezies, Sedum reflexum, Tulipa spezies, Verbascum thapsus, Yucca filamentosa

Beet

Alcea rosea, Alstromera ligtu, Amaranthus retroflexus, Arctium lappa, Atriplex hortensis, Barbarea vulgaris, Borago officinalis, Bunias orientalis, Calendula officinalis, Capsella bursa-pastris, Cichorium intybus, Cryptotaenia japonica, Fragaria spezies, Helianthus strumosus, Helianthus tuberosus, Lilium lancifolium, Monarda didyma, Montia perfoliata, Papaver rhoeas, Phlox paniculata, Portulaca oleraceae sativa, Sium sisarum, Spergula arvensis var. sativa, Stachys sieboldii syn. affinis, Stellaria media, Tulipa spezies, Valerianella locusta

Wasserrand und sumpfige Bereiche

Caltha palustris, Glyceria fluitans, Nasturtium officinale, Orchis spezies, Phragmites australis, Polygonum bistorta, Typha spez., Veronica beccabunga

Wasser
Aponogeton distachyos, Butomus umbellatus, Nymphaea alba, Sagittaria sagittifolia, Scirpus lacustris ssp. lacustris, Trapa natans, Zizania aquatica

Küstenbereich
Zusätzlicher Standort, der salztolerante Pflanzen enthält: Aster tripolium, Cochlearia officinalis u. glastifolia, Crambe maritima, Elymus arenarius, Plantago maritima, Salicornia europaea

Erntezeitpunkt der Pflanzen

Frühjahr

Blüte:
Allaria petiolata Knoblauchsrauke
Allium spezies Zierlauch
Allium ursinum Bärlauch
Anchusa azurea Ochsenzunge
Aquilegia vulgaris Akelei
Cardamine pratensis Wiesenschaumkraut
Lamium album Taubnessel
Primula veris Schlüsselblume
Tulipa spezies Tulpen
Viola odorata Duftveilchen

Knospe:
Aponogeton distachyos Afrikanische Wasserähre
Brassica oleraceae botrytis aparagoides 'Nine-Star' mehrj. Brokkoli
Caltha palustris Sumpfdotterblume
Ornithogalum pyrenaicum Pyrenäen-Milchstern
Rheum rhabarbarum Rhabarber
Phyteuma spicatum Teufelskralle

Blatt:
Aegopodium podagraria Giersch
Allaria petiolata Knoblauchsrauke
Allium ursinum Bärlauch
Amaranthus retroflexus Fuchsschwanz
Angelica archangelica Engelwurz
Aster tripolium Strandaster
Atriplex hortensis Gartenmelde
Borago officinalis Boretsch
Caltha palustris Sumpfdotterblume
Campanula spezies Glockenblume
Capsella bursa-pastoris Hirtentäschel
Chenopidium bonus-henricus Guter Heinrich
Crambe maritima Meerkohl
Crambe tataria Tatarenkohl
Cryptotaenia japonica Mitsuba
Chrysanthemum leucanthemum Margerite
Cochlearia officinalis u. glastifolia Löffelkraut
Chrysanthemum majus Marienblatt
Diplotaxus tenuifolia Rucola
Fagopyrum dibotrys Stauden-Buchweizen
Foeniculum vulgare Staudenfenchel
Heracleum sphondylium Bärenklau
Hosta spezies Funkien
Lamium album Taubnessel
Lepidium latifolium Breitblättrige Kresse
Malva moschata Moschusmalve
Mertensia maritima Austernpflanze
Myrrhis odorata Süßdolde
Nasturtium officinale Brunnenkresse
Oenothera biennis Nachtkerze
Oxalis acetosella Waldsauerklee
Papaver rhoeas Klatschmohn
Phytolacca americana Kermesbeere
Platycodon grandiflorus Ballonblume
Potentilla anserina Gänsefingerkraut
Pulmonaria officinalis Lungenkraut
Ranunculus ficaria Scharbockskraut
Rheum rhabarbarum Rhabarber
Symphytum officinale Beinwell
Viola odorata Duftveilchen

Triebe:
Allaria petiolata Knoblauchsrauke

Angelica archangelica Engelwurz
Aponogeton distachyos Afrikan. Wasserähre
Aralia cordata Udo
Aruncus dioicus Waldgeißbart
Asclepias incarnata Seidenpflanze
Asparagus officinalis Spargel
Chrysanthemum leucanthemum Margerite
Chrysanthemum majus Marienblatt
Crambe maritima Meerkohl
Crambe tataria Tatarenkohl
Eremurus spectabilis Steppenlilie
Eryngium maritimum Stranddistel
Foeniculum vulgare Staudenfenchel
Hemerocallis spezies Taglilie
Heracleum sphondylium Bärenklau
Hesperis matronalis Nachtviole
Humulus lupulus Hopfen
Phragmites australis Schilf
Phytolacca americana Kermesbeere
Polygonatum multiflorum, P. odoratum, P. verticillatum Salomonsiegel
Pteridium aquilinium Adlerfarn
Streptopus amplexifolius Knotenfuß
Smilacina stellata Schattenblume
Symphytum officinale Beinwell
Typha spezies Rohrkolben
Veronica beccabunga Bachbunge

Frucht:
Fragaria spezies Erdbeere
Fragaria vesca Walderdbeere
Myrrhis odorata Süßdolde

Wurzel:
Butomus umbellatus Blumenbinse
Nymphaea alba Weiße Seerose
Oenothera biennis Nachtkerze
Phyteuma spicatum Teufelskralle
Scirpus lacustris ssp. lacustris See- oder Teichsimse

Sommer

Blüte:
Alcea rosea Stockrose
Allaria petiolata Knoblauchsrauke
Althaea officinalis Eibisch
Anchusa azurea Ochsenzunge
Angelica archangelica Engelwurz
Asclepias incarnata Seidenpflanze
Asphodeline lutea Junkerlilie
Borago officinalis Boretsch
Calendula officinalis Ringelblume
Campanula portenschlagiana Dalmatiner Glockenblume
Campanula versicolor Glockenblume
Cichorium intybus Wegwarte
Chrysanthemum leucanthemum Margerite
Conopodium majus Marienblatt
Dianthus spezies Nelken
Foeniculum vulgare Staudenfenchel
Hemerocallis spezies Taglilie
Hesperis matronalis Nachtviole
Hosta spezies Funkien
Malva moschata Moschusmalve
Monarda didyma Indianernessel
Oenothera biennis Nachtkerze
Papaver rhoeas Klatschmohn
Passiflora incarnata Passionsblume
Phlox paniculata Flammenblume
Platycodon grandiflorus Ballonblume
Roscoea spezies Scheinorchis
Typha spezies Rohrkolben
Verbascum thapsus Königskerze
Yucca filamentosa Palmlilie

Knospe:
Balsamorrhiza sagitatta Oregon Sunflower
Chrysanthemum majus Marienblatt
Crambe maritima Meerkohl
Crambe tataria Tatarenkohl
Heracleum sphondylium Bärenklau
Portulaca oleraceae sativa Portulak
Sedum reflexum Tripmadam

Blatt:
Aegopodium podagraria Giersch
Allaria petiolata Knoblauchsrauke
Althaea officinalis Eibisch
Amaranthus retroflexus Fuchsschwanz
Atriplex hortensis Gartenmelde
Borago officinalis Boretsch
Campanula versicolor Glockenblume
Capsella bursa-pastoris Hirtentäschel
Chenopidium bonus-henricus Guter Heinrich

Cryptotaenia japonica Mitsuba
Diplotaxus tenuifolia Rucola
Foeniculum vulgare Staudenfenchel
Heracleum sphondylium Bärenklau
Lepidium latifolium Breitblättrige Kresse
Mertensia maritima Austernpflanze
Passiflora incarnata Passionsblume
Portulaca oleraceae sativa Portulak
Symphytum officinale Beinwell
Veronica beccabunga Bachbunge

Trieb:
Angelica archangelica Engelwurz
Asclepias incarnata Seidenpflanze
Chenopidium bonus-henricus Guter Heinrich
Portulaca oleraceae sativa Portulak
Salicornia europaea Queller
Symphytum officinale Beinwell

Frucht:
Apios americana Erdbirne
Asclepias incarnata Seidenpflanze
Elymus arenarius Strandroggen
Foeniculum vulgare Staudenfenchel
Fragaria spezies Erdbeere
Fragaria vesca Walderdbeere
Glyceria fluitans Schwaden
Heracleum sphondylium Bärenklau
Papaver rhoeas Klatschmohn
Physalis alkekengi var. alkekengi Lampionblume
Rubus arcticus Mesimarja
Secale montana Berg-Staudenroggen
Smilacina stellata Schattenblume
Triticum turgidum 'Perennial' mehrjähriger Weizen
Spergula arvensis var. sativa Ackermeier

Zwiebel:
Allium cepa L.var. proliferum Etagen- oder Luftzwiebel
Erythronium dens-canis Hundszahn

Herbst

Blüte:
Dianthus spezies Nelken

Knospe:
Aponogeton distachyos Afrikan. Wasserähre
Cynara scolymus Artischocke

Blatt:
Borago officinalis Boretsch
Chenopidium bonus-henricus Guter Heinrich
Cryptotaenia japonica Mitsuba
Cynara cardunculus Cardy
Diplotaxus tenuifolia Rucola
Mertensia maritima Austernpflanze
Nasturtium officinale Brunnenkresse

Frucht:
Amaranthus retroflexus Fuchsschwanz
Angelica archangelica Engelwurz
Balsamorrhiza sagitatta Oregon Sunflower
Chenopidium bonus-henricus Guter Heinrich
Cornus canadensis Teppichhartriegel
Cryptotaenia japonica Mitsuba
Fagopyrum dibotrys Stauden-Buchweizen
Fragaria vesca Walderdbeere
Passiflora incarnata Passionsblume
Streptopus amplexifolius Knotenfuß
Trapa natans Wassernuß
Urtica dioica Brennessel
Zizania aquatica Wasserreis

Wurzel oder Knolle:
Adenophora liliifolia Schellenblume
Alstromera ligtu Inkalilie
Apios americana Erdbirne
Aponogeton distachyos Afrikan. Wasserähre
Arctium lappa Große Klette
Asphodeline lutea Junkerlilie
Balsamorrhiza sagitatta Oregon Sunflower
Bunium bulbocastanum Erdkastanie
Butomus umbellatus Blumenbinse
Camassia quamash Präriekerze
Chlorogalum pomeridianum Seifenlilie
Conopodium majus Pignut
Crambe tataria Tatarenkohl
Cryptotaenia japonica Mitsuba
Dioscorea batatas Yamswurzel

Eryngium campestre Feld-Mannstreu
Eryngium maritimum Stranddistel
Glycyrrhiza glabra Süßholz
Helianthus strumosus Helianthi
Helianthus tuberosus Topinambur
Hemerocallis spezies Taglilie
Lathyrus tuberosus Knollenwicke
Lepidium latifolium Breitblättrige Kresse
Nymphaea alba Weiße Seerose
Oenothera biennis Nachtkerze
Orchis spezies Knabenkraut
Potentilla anserina Gänsefingerkraut
Pteridium aquilinium Adlerfarn
Scirpus lacustris ssp. lacustris See- oder Teichsimse
Smilacina stellata Schattenblume
Stachys sieboldii syn. affinis Knollenziest
Streptopus amplexifolius Knotenfuß
Typha spezies Rohrkolben

Zwiebel:
Allium cepa L.var. proliferum Etagen- oder Luftzwiebel
Calochortus spezies Mormonentulpe
Erythronium dens-canis Hundszahn
Fritillaria camtschatcensis Kaiserkrone
Ipheion uniflorum Frühlingsstern
Lilium lancifolium Tigerlilie
Muscari botryoide Straußhyazinthes.

Winter

Blüte:
Trachystemon orientalis Rauhling
Viola odorata Duftveilchen

Blatt:
Barbarea vulgaris Barbarakresse
Brassica oleraceae acephala 'Daubenton' Mehrjähriger Gemüsekohl
Brassica oleraceae var. oleraceae Wild-Kohl
Campanula rapunculus Rapunzel-Glockenblume
Montia perfoliata Winterpostelein
Montia sibirica Sibirischer Winterportulak
Nasturtium officinale Brunnenkresse (bedingt, denn nur an warmer Quelle)
Valerianella locusta Feldsalat

Trieb:
Asphodeline lutea Junkerlilie

Wurzel oder Knolle:
Arctium lappa Große Klette
Helianthus strumosus Helianthi
Helianthus tuberosus Topinambur
Myrrhis odorata Süßdolde
Oenothera biennis Nachtkerze
Pteridium aquilinium Adlerfarn
Sium sisarum Zuckerwurz
Stachys sieboldii syn. affinis Knollenziest

Zwiebel:
Erythronium dens-canis Hundszahn
Lilium lancifolium Tigerlilie

Annähernd ganzjährig

Blüten:
Bellis perennis Gänseblümchen

Blätter:
Bellis perennis Gänseblümchen
Bunias orientalis Türkische Rauke
Brassica oleraceae acephala 'Daubenton' Mehrjähriger Gemüsekohl
Brassica oleraceae var. oleraceae Wild-Kohl
Campanula portenschlagiana Dalmatiner Glockenblume
Montia sibirica Sibirischer Winterportulak
Plantago coronopus Hirschhornwegerich
Polygonum bistorta Wiesenknöterich
Rumex patientia Gemüseampfer
Sedum reflexum Tripmadam
Stellaria media Vogelmiere
Urtica dioica Brennessel (bei Rückschnitt)
Wasabia japonica Japanische Meerrettich

Wurzel:
Armoracia rusticana Meerrettich
Sagittaria sagittifolia Pfeilkraut
Wasabia japonica Japanischer Meerrettich

Literatur

Ahmann, E; Greube, P.: Neues aus der Permakultur "Die Kräuterspirale". Sonderheft, Hrsg. Permakultur Institut e.V., Steyerberg 1991.

ARCHE NOAH: Sortenhandbuch 2001. Gesellschaft zur Erhaltung und Verbreitung der Kulturpflanzenvielfalt, Langenlois, Österreich.

Bailey, L.H.: The Standard Cyclopedia of Horticulture. The Macmillan Company, New York 1942.

Bartha Pichler, Brigitte: Gemüse Inkognito. Arche Noah, Schiltern, Österreich 2001.

Bell, G.: Permakultur praktisch. Pala Verlag, Darmstadt 1994.

Berling, Rainer et al.: Handbuch Garten. BLV Verlag, München 1997.

Bohl, Gehrhard: Tauschliste "Seltene und historische Gemüse" 2000-2003. Privates Samenarchiv, Rednitzhembach 2000.

Bonstedt, C.: Parey's Blumengärtnerei. 2. Band, 1932

Brown, Kathy: Blüten zum Reinbeissen. Christian Verlag, München 2000.

Burnie, Geoff et al.: BOTANICA. Das ABC der Pflanzen. Hrsg. Gordon Cheers, Könemann Verlagsgesellschaft, Köln 1998.

Buvry, Dr. L.: Anbauversuche mit ausländischen Nutzpflanzen in Deutschland. Verlag von Wiegandt und Hempel, Berlin 1868.

Chamisso, Adelbert von: Heil-Gift- und Nutzpflanzenbuch. Dietrich Reimer Verlag, Berlin 1987.

Couplan, Francois: Wildpflanzen für die Küche. AT Verlag, Aarau, Schweiz 1998.

Dahl, Jürgen:Was man sonst noch essen kann. In der Zeitschrift: Kraut & Rüben S.25-27, BLV Verlag München 8/99.

Diels, Ludwig: Ersatzstoffe aus dem Pflanzenreich: ein Hilfbuch zum Erkennen und Verwerten der heimischen Pflanzen für Zwecke der Ernährung und Industrie in Kriegs- und Friedenszeiten. Verlag Schweizerbart, Stuttgart 1918.

Dittrich, B.: Syringa - Preisliste 2001. Altbewährte, vergessene u. asiatische Gemüse- und Salatspezialitäten. Hilzingen-Binningen 2001.

Dreschflegel: Saaten und Taten 2001. Gemüse, Kräuter, Blumen und alte Kulturpflanzen. Melle 2001.

Ebel, Friedrich: Exotische und heimische Nutzpflanzen. Martin-Luther-Universität, Halle-Wittenberg 1990.

Fern, Ken: Plants for a future. Permanent Publications, Hampshire, England 2000.

Fischer, Andrea: Handbuch Alte Kulturpflanzen.Verlag Grüner Tiger (siehe Bezugsquellen), Oberasbach 2000.

Fleischhauer, Steffen Guido: Enzyklopädie der essbaren Wildpflanzen, AT Verlag, Aarau 2003.

Frank, Reinhilde: Zwiebel- und Knollengewächse. Verlag Eugen Ulmer, Stuttgart 1986.

Franke, R.: Neuentstehung von Kulturpflanzen heute. In: Zeitschrift für Arznei und Gewürzpflanzen S. 24-38, Hippokrates Verlag, Stuttgart 3/99.

Franke, Wolfgang: Nutzpflanzenkunde. Nutzbare Gewächse der gemäßigten Breiten, Subtropen und Tropen. Georg Thieme Verlag, Stuttgart 1976.

Future Foods: Weird and wonderful things for the edible garden. Saatenkatalog Frühjahr 1999, Wedmore, Somerset, England 1999.

Gehlsen, Monika: Zier- und Nutzpflanzenspezialitäten, Samenangebot 2000. Halle 2000.

Geisler, Gerhard: Farbatlas Landwirtschaftliche Kulturpflanzen. Verlag Eugen Ulmer, Stuttgart 1991.

Gewiehs, Horst: Herbstkatalog für frühjahrs- und sommerblühende Blumenzwiebeln 1998. Rotenburg 1998.

Greube, Percy: Wege zur Permakultur. Piks-Verlag, Darmstadt 1993.

Hansen, Richard; Stahl, Friedrich: Die Stauden und ihre Lebensbereiche in Gärten und Grünanlagen. Verlag Eugen Ulmer, Stuttgart 1981.

Harrington, H. D.: Edible Native Plants of the Rocky Mountains. University of New Mexico Press 1967.

Hart, Robert A. de J.: Die Wald-Gärtnerei. Englische Originalausgabe 1991, deutsche Ausgabe PIKS-Verlag & pala, Darmstadt 1994.

Henschel, Detlev: Essbare Wildbeeren und Wildpflanzen. Verlag Kosmos, Stuttgart 2002.

Huxley, Anthony.:The New Royal Horticulture Society. Dictionary of Gardening. The Macmillan Company, London 1992.

Kayser, Burkhard: Permakultur & Landwirtschaft. Textsammlung 3. Auflage, Prinzhöfte 1997.

Kindcher, Kelly: Edible wild plants of the prairie. University Press of Kansas, USA 1987.

Koch, Burghart: Otzberger Kräuterbuch. Wernikke Offsetdruck & Verlag, Frankfurt a.Main 1999.

Koller, Beate: Gemüse Inkognito. In der Zeitschrift: Natürlich Gärtnern S. 14-19, OLV Verlag, Xanten Heft 6/2001.

Körber-Grohne, Udelgard: Nutzpflanzen in Deutschland. 3. unveränd.Aufl., Konrad Theiss Verlag, Stuttgart 1994.

Kuhmichel, Frank. Mesimarja. Eigenverlag, Dillenburg 2000

Lestrieux, Elisabeth; de Belder, Jelena: Der Geschmack von Blumen und Blüten. DuMont Verlag, Köln 2000.

Liebster, Günther: Warenkunde Obst & Gemüse, Band 2 Gemüse. Morion Verlagsproduktion, Düsseldorf 1990.

Machatschek, Michael: Nahrhafte Landschaft. Böhlau Verlag, Wien 1999.

Meunick, J.: Essbare Wildpflanzen. Verlag Stein, Kiel 1992.

Mollison, Bill; Holmgren, Dave: Permakultur, Leben und Arbeiten im Einklang mit der Natur. Erstauflage 1978, Rohwohlt Verlag, Hamburg 1985.

Mollison, Bill: Permaculture: A Designer's Manual. Tagari Publications, Tyalgum, Australien 1988.

Mollison, Bill: Permakultur konkret. Deutsche Erstauflage 1989, Pala Verlag, 2. aktualisierte Auflage Darmstadt 1994.

Müri, Emil: Baumschule, Staudengärtnerei, Obstgarten - Anzucht und Vermehrung. Verlag Sauerländer, Aarau 1989.

Nickig, Marion: Rau, Heide: Köstliche Blüten. Verlag Ellert und Richter, Hamburg 1995.

Pahlow, Mannfried: Heilpflanzen. Gräfe und Unzer Verlag, München 1993.

Phillips, Roger: Wild Food. Macmillian Publishers Ltd., London 1983.

Phillips, Roger; Rix, Martyn: STAUDEN in Garten und Natur. Verlag Droemer Knaur, München 1992.

Phillips, Roger; Rix, Martyn: GEMÜSE in Garten und Natur. Verl. Droemer Knaur, München 1994

PFAF, database: siehe Bezugsquellen.

Presser, Helmut: Die Orchideen Mitteleuropas und der Alpen. Verlag ecomed, Landsberg/Lech 1995.

Pro Specie Rara: Sortenfinder, Frühjahr 2001. Aarau, Schweiz 2001.

Roth; Daunderer; Kormann: Giftpflanzen - Pflanzengifte. Verlag ecomed, Landsberg 1994.

Rühlemann, Daniel: Kräuterzauber. Kräuter und Duftpflanzen. Katalog 1999. Horstedt 1999.

Rühlemann, Daniel: Rühlemanns. Kräuter und Duftpflanzen. Katalog 2001. Horstedt 2001.

Schacht; Feßler et al.: Die Freiland-Schmuckstauden. Ulmer Verlag, Stuttgart 1985.

Schnelle & Ruben: Edible Landscapes. Ausdruck aus der privaten Datenbank, Boltenhagen 2001.

Saunders, Charles Francis: EDIBLE AND USEFUL WILD PLANTS of the United States and Canada. Dover Publications, New York 1948.

Schubarth, Heinrich: Anweisungen zum Anbau der bekannten, in Deutschland akklimatisierten HANDELSGEWÄCHSE. J.C. Hinrichsche Buchhandlung, Leipzig 1825.

Schuster, Eberhard: Sumpf- und Wasserpflanzen. Parey Buch Verlag, Berlin 2000.

Semar, Hennes: AQUAKULTUR; Bauen und Planen in Harmonie mit der Natur. Dissertation TU Berlin, Juli 1988; Hrsg. Permakulturinstitut e.V., Steyerberg 1989.

Storl, Wolf-Dieter: Der Garten als Mikrokosmos. Hermann Bauer Verlag, Freiburg 1982.

Storl, Wolf-Dieter: Heilkräuter und Zauberpflanzen zwischen Haustür und Gartentor. AT Verlag, CH-Aarau 2000.

Storl, Wolf-Dieter: Pflanzen der Kelten. AT Verlag, CH-Aarau 2000.

Strickler: Wildstauden und Wildgehölze. Katalog 2001, Alzey-Heimersheim.

Tangermann, Erika; Simon, Hans: Pflanzenbuch 2, für Auszubildende im Garten-, Landschafts- und Sportplatzbau. 5. Auflage, Eigenverlag: Fördergesellschaft "Grün ist Leben" Baumschulen mbH, Pinneberg 1993.

VEN, Verein zur Erhaltung der Nutzpflanzenvielfalt: Samenliste 2001. Schandelah, 2001

Vogel, Georg:Handbuch des speziellen Gemüsebaues. Verlag Eugen Ulmer, Stuttgart 1996.

Whitefield, Patrick: Permakultur kurz & bündig. OLV Verlag, Xanten 1995.

Weiner, M.A.: Earth Medicine, Earth Food. Ballantine Books, 1980.

Whitefield, Patrick: Das große Handbuch Waldgarten. OLV Verlag, Xanten 1999.

Zander, Robert: Handwörterbuch der Pflanzennamen. Encke, Fritz et. al - 13. neubearb. u. erw. Aufl. Ulmer Verlag, Stuttgart 1984.

Zander, Robert: Handwörterbuch der Pflanzennamen. Encke, Fritz et. al - 15. neubearb. u. erw. Aufl. Ulmer Verlag, Stuttgart 1993.

Bezugsquellen

(ohne Anspruch auf Vollständigkeit)

Kräutergärtnereien

Herb's Bioland Gärtnerei und Pflanzenversand
Stedinger Weg 16, 27801 Nuttel
Tel.: 04432-94003, Fax: -04
www.herb-s.de, Email: herb-s@t-online.de

Otzberg Kräuter Gewürzpflanzengärtnerei
Erich-Ollenhauer-Straße 87A, 65187 Wiesbaden. Tel. 0611/8120545, Fax. 0611/8460558

Rühlemanns Kräuter & Duftpflanzen
Auf dem Berg 166, 27367 Horstedt
Tel. 04288/928558, www.ruehlemanns.de

Syringa: Duft-und Würzkräuter
Bachstrasse 7, 78247 Hilzingen-Binningen
Tel. 07739-1452, Fax. 677
www.syringa-samen.de

Wildstaudengärtnereien

Flathmann: Wildstauden
Schulgartenweg 4, 22525 Hamburg/Volkspark
Tel. 040/89070704, Fax. 89070705
www.wildstauden.de
Email: flathmann@wildstauden.de

Hof Berg-Garten, Lindenweg 17,
79737 Herrischried. Tel. 07764/239, Fax. 215,
www.hof-berggarten.de.cx
Email: hof-berggarten@t-online.de
Wilde Blumen für lebendige Gärten

Strickler, Lochgasse 1
55232 Alzey-Heimersheim, Tel.: 06731/3831,
Fax.: 3929, E-mail: strickler@t-online.de
Wildstauden und Wildgehölze

Sortenerhalter

ARCHE NOAH, Verein zur Erhaltung und Verbreitung der Kulturpflanzenvielfalt
Obere Straße 40, A-3553 Schloß Schiltern/
Langenlois, Tel. 0043-(0)2734-8626,
www.arche-noah.at, Email: info@arche-noah.at

Pro Specie Rara: Stiftung zur Erhaltung der Kulturpflanzen- und Nutztiervielfalt, Pfrundweg 14, 5000 Aarau, Schweiz
Tel. 0041-(0)62-8235030, www.psrara.org
Email: sekretariat@psrara.org

Verein zur Erhaltung der Nutzpflanzenvielfalt e.V., VEN-Geschäftsstelle, Ursula Reinhard Sandbachstr. 5, 38162 Schandelah
Tel. 05306-1402, Email: ven.nutz@gmx.de

Weitere nützliche Adressen

Deutsche Saatgutveredlung, Ansprechpartner: Herr Welli-Steffan, Weissenburgerstr. 5, Postfach 407, 59557 Lippstadt
Tel. 02941-2960 oder Fax 02941-296100
Perennierende Roggensorten

Dreschflegel, Föckinghauser Weg 9, 49324 Melle. Tel. 05422/8994, www.dreschflegel-saatgut.de
Biologisches Saatgut von Gemüse, Kräutern, Blumen und alten Kulturpflanzen.

Future Foods, P.O. Box 1564, Wedmore, Sumerset BS28 4DP, England.
Tel. 01934-713623, www.futurefoods.com
Seltene und alte Gemüsearten

Monika Gehlsen, Willi-Dolgner-Straße 17, 6118 Halle/Saale, Tel. 0345-5226423
Zier- und Nutzpflanzenspezialitäten

Grüner Tiger, Pfarräckerst. 13, 90522 Oberasbach, Tel. / Fax 0911-698430
Alte Kulturpflanzen

Herrnberg Orchideen, Frank Kuhmichel, Herrnberg 2, 35688 Dillenburg,
Tel. 02770/2643, *Mesimarja-Ausläufer*

Häberli Obst- und Beerenzentrum GmbH, Postfach 166, 78201 Singen.
Tel. 0041-714737087, Fax 0041-714747080
www.haeberli-beeren.ch
Spezielle Erdbeerzüchtungen

Albrecht Hoch, Postfach 460, Potsdamer Straße 40, 14134 Berlin/Zehlendorf,
Tel. 030-8026251, *Blumenzwiebelspezialitäten*

Burkhard Kayser, Zur Bleiche 24A, 32423 Minden. Tel. 0571-8297377, www.permakultur-design.de
Email: perma@agroforst.de
Permakultur-Beratung für Garten und Landwirtschaft

Kayser & Seibert, Wilhelm-Leuschner-Str. 85, 64380 Roßdorf. Tel. 06154/9068,
Staudengärtnerei mit Wasserpflanzen

Permakultur Institut e.V., Informationsbüro, Heide Garot, Witzfeld 21, 40667 Meerbusch
Tel. 02132-70032, 0700-73762585
www.permakultur.de
Email: info@permakultur.de

Plants For A Future, The Field, Penpol, Lostwithiel, Cornwall PL22 0NG,
Tel. 01208-873554, Internet: www. pfaf.org
Umfangreiche Versuche mit essbaren Stauden, ausgiebige Datenbank mit Nutzpflanzen, auf Anfrage auch Auslieferung einiger Arten in begrenzten Umfang

Privates Samenarchiv Gehrhard Bohl, Oberfichtenmühle 2, D- 91126 Rednitzhembach
Seltene historische Gemüse und über 700 Tomatensorten, Tauschlisten können gegen Bezahlung angefordert werden

Späthsche Baumschule, Späthstr. 80/81, 12437 Berlin. Tel. 030/63900332
Züchtungen von Wildobst

Helmut Steiner, Römerstr. 817, 47445 Moers
Spezialgärtnerei für Grünspargel

www.perennialvegetable.com
Amerikanische Gärtnerei mit essbaren Stauden

Über weiterführende Anregungen zum Buch würde ich mich sehr freuen:

Büro für Gartengestaltung
Alexander Heil
www.essbaregaerten.de
Email: essbaregaerten@web.de
Post an: Alexander Heil, c/o ökobuch Verlag
Postfach 1126, D-79216 Staufen

Stichwortverzeichnis

Abbildungsnachweis

Autor und Verlag danken den nachfolgenden Personen und Firmen für die Bereitstellung von Fotos:

Thomas Berz, Frankfurt:
Nr.3 (S. 49 u. 22); **Nr. 7** (S. 50 u. 36); **Nr. 8** (S. 51 u. 36); **Nr. 9** (S. 51 u. 25); **Nr. 10** (S. S. 51 u. 26); **Nr. 11** (S. 52 u. 26); **Nr. 12** (S. 52 u. 27); **Nr. 15** (S. 53 u. 35); **Nr. 17** (S. 53 u. 28); **Nr. 18** (S. 54 u. 28); **Nr. 19** (S. 54); **Nr. 24** (S. 55 u. 31); **Nr. 27** (S. 56 u. 32); **Nr. 31** (S. 57 u. 33); **Nr. 32** (S. 58 u. 78); **Nr. 34** (S. 58 u. 37); **Nr. 36** (S. 59 u. 39); **Nr. 38** (S. 60); **Nr. 40** (S. 60 u. 42); **Nr. 44** (S. 61 u. 45); **Nr. 45** (S. 61 u. 44); **Nr. 48** (S. 62 u. 46); **Nr. 50** (S. 62 u. 45); **Nr. 51** (S. 62 u. 65); **Nr. 54** (S. 63 u. 67); **Nr. 56** (S. 64 u. 68); **Nr. 59** (S. 97 u. S. 69); **Nr. 60** (S. 97 u. 86); **Nr. 61** (S. 97 u. 80); **Nr. 63** (S. 98 u. 70); **Nr. 66** (S. 99 u. S. 82); **Nr. 67** (S. 99 u. 72); **Nr. 70** (S. 100 u. 76); **Nr. 73** (S. 100 u. 77); **Nr. 83** (S. 103 u. 94); **Nr. 87** (S. 104 u. 109); **Nr. 89** (S. 105 u. 110); **Nr. 91** (S. 106 u. 86); **Nr. 92** (S. 106 u. 115); **Nr. 99** (S. 108 u. 128)

Frank Kuhmichel, Dillenburg:
Nr. 100 (S. 108 u. 124)

Hof Berg-Garten, Herrischried:
Nr. 5 (S. 50 u. 24); **Nr. 37** (S. 59 u. 40); **Nr. 39** (S. 60 u. 41); **Nr. 58** (S. 64 u. 80); **Nr. 76** (S. 101 u. 116); **Nr. 88** (S. 105 u. 119); **Nr. 98** (S. 108 u. 123);

Ursula Reinhard, Schandelah:
Nr. 42 (S. 60 u. 84);
Nr. 84 (S. 104 u. 95);

Fa. Rühlemann, Horstedt:
Nr. 13 (S. 52 u. 27): **Nr. 43** (S. 61 u. 45); **Nr. 46** (S. 61 u. 43); **Nr. 49** (S. 62 u. 66); **Nr. 52** (S. 63 u. 79); **Nr. 57** (S. 64 u. 68); **Nr. 69** (S. 100 u. 74); **Nr. 81** (S. 102 u. 92); **Nr. 93** (S. 106 u. 117); **Nr. 97** (S. 107 u. 124)

Fa. Albrecht Hoch, Berlin
Rainer Schönefeld:
Nr. 21 (S. 55 u. 29); **Nr. 25** (S. 56 u. 31); **Nr. 28** (S. 57 u. 32); **Nr. 30** (S. 57 u. 33); Nr. 53 (S. 63 u. 65); **Nr. 74** (S. 101 u. 116); **Nr. 75** (S. 101 u. 88); **Nr. 79** (S. 102 u. 90); **Nr. 80** (S. 103 u. 91); **Nr. 82** (S. 103 u. 90); **Nr. 85** (S. 104 u. 93); **Nr. 86** (S. 104 u. 96); **Nr. 95** (S. 107 u. 120)

Fa. Albrecht Hoch, Berlin
Hans-Jürgen Hoch:
Nr. 47 (S. 62 u. 48)

Fa. Syringa, Hilzingen-Binningen:
Nr. 1 (S.49 u. 21); **Nr. 2** (S.49 u. 22); **Nr. 20** (S. 54 u. 29); **Nr. 23** (S. 54 u. 35); **Nr. 35** (S. 58 u. 38); **Nr. 64** (S. 98 u. 71)

Ursula Henrich
Nr. 4 (S. 49 u. 23)

Alle anderen Fotos stammen vom Autor

Strichzeichnungen der Pflanzen:
Diels, Ludwig; Ersatzstoffe aus dem Pflanzenreich,
Stuttgart 1918, Verlag Schweizerbart

Abb. Seite 6 'Paradisi in Sole':
Virilio Vercelloni
Historischer Gartenatlas
Stuttgart 1994, Deutsche Verlags-Anstalt

Weitere Bücher im ökobuch Verlag

Gottfried Haefele, Wolfgang Oed, Ludwig Sabel

Hauserneuerung

Instandsetzen - Renovieren - Modernisieren: eine Anleitung zur Selbsthilfe. Das Buch beschreibt ausführlich den behutsamen, handwerklich sachgerechten und umweltverträglichen Umgang mit alter Bausubstanz.
237 S., 200 Abb., 21 x 21 cm , 8. verbesserte Aufl. 2003 25,50 €

Holger König

Wege zum gesunden Bauen

Aus dem Inhalt: richtige Baustoffwahl, geeignete Baukonstruktionen mit Eigenschaften und Anwendungsbereichen, Beispiele ausgeführter Häuser, Baunormen, Bauphysik, Preise und Bezugsquellen.
264 S. m. v. Abb., 21 x 21cm gebunden, 10.Aufl. 1998 25,50 €

Herbert und Astrid Gruber

Bauen mit Stroh

Bauen mit großformatigen Quadern aus gepreßtem Stroh: gebaute Beispiele, erprobte Bauformen und Konstruktionen, Besonderheiten, neue Projekte und Forschungen.
2. erweiterte Aufl. 2003, 112 S. m. v.Abb., 14,90 €

Ingo Gabriel, Heinz Ladener, Hrsg.

Vom Altbau zum Niedrigenergiehaus

Energietechnische Gebäudesanierung in der Praxis: Nachträgliche Wärmedämmung der Gebäudehülle, Fenstererneuerung, sowie Sanierung der Haustechnik einschließlich Lüftung, Heizung, Sanitär und Elektro.
262 S. m.v.z.T. farb. Abb., 21 x 21 cm, geb. 4. Aufl. 2004 29,90 €

Christopher Day

Bauen für die Seele

Architektur im Einklang mit Mensch und Natur. Eine Anleitung zu einer bewußteren Wahrnehmung der gebauten Umwelt.
189 S.m.v. Abb., 21x21cm, 1998 20,40 €

Gernot Minke

Dächer begrünen – einfach und wirkungsvoll

Ratgeber für die Begrünung von Wohn- und Bürogebäuden, Garagen und Carports. Mit Konstruktionsdetails, Dachaufbauten, Begrünungssystemen, Kosten u. Selbstbauhinweisen. 94 S. m. v. Abb., 17 x 24 cm, 2. Aufl. 2003 12,70 €

Gernot Minke

Das neue Lehmbau-Handbuch

Umfassendes Lehrbuch und Nachschlagewerk: Es zeigt Einsatzmöglichkeiten, Eigenschaften und Verarbeitungstechniken des Baustoffes Lehm. Mit Forschungsergebnissen u. Beschreibungen ausgeführter Lehmhäuser.
340 S. m.v. Abb., 21 x 21 cm, gebunden, 6. erw. Aufl. 2004 35,30 €

Gernot Minke, Friedemann Mahlke

Der Strohballenbau

Ein Konstruktionshandbuch, das Konzeption, bautechnische Besonderheiten und alle Details beschreibt, um aus Strohballen gut gedämmte, dauerhafte Häuser zu bauen. Mit vielen Beispielen. 1. Aufl. 2004, 142 S. m.v. farb. Abb., 15,90 €

Edgar Haupt
Wintergärten - Anspruch und Wirklichkeit
Praxisnahe Anleitung für die Planung und den Bau von Wintergärten: Raumklima, Konstruktionen, Materialien, Verglasungs- u. Klimatisierungssysteme, Bauschäden, Hinweise f.d. Bepflanzung. 3. erw. Aufl. 2001, 190 S. 22,50 €

Anreas Henze, Werner Hillebrand
Strom von der Sonne
Photovoltaik in der Praxis: Techniken, Anwendungsmöglichkeiten, Marktübersicht und Anleitung zum Selbstbau kleiner autonomer Stromversorgungsanlagen für Hütten und Fahrzeuge. 133 S. m.v.Abb., 17 x 24 cm, 1999 12,95 €

Lynn Edwards, Julia Lawless
Naturfarben-Handbuch
Natürliche Farben und Anstriche für Wände, Holzböden und Möbel selbst herstellen und anwenden: Rezepturen, Maltechniken und kreative Raumgestaltung. Durchgehend farbig! 1. Aufl. 03, 190 S. 19x28,6 cm 29,90 €

Holger König, Peter Weissenfeld
Holzschutz ohne Gift
Holzschutz und Holzoberflächenbehandlung in der Praxis mit vielen Anleitungen und Rezepten für alle, die in Haus und Hof selbst zum Pinsel greifen. 15. Aufl. 2003, 172 S. m.v. Abb., 17 x 24 cm br. 15,30 €

Maggy Howarth
Kieselstein-Mosaik
Schöne Böden für Wege und Lieblingsplätze im Garten selbst gestalten. Exakte Anleitungen für einfache und fortgeschrittene Arbeiten mit Tips aus der Praxis. Viele Gestaltungsvorschläge geben Anregung für eigenes kreatives Schaffen.
118 S. m.vielen z.T. farb. Abb., 2001 20,40 €

Claudia Lorenz-Ladener, Hrsg.
Lauben und Hütten
Einfache Paradiese zum Selbstbauen. Bauanleitungen für schnell zu errichtende Behausungen (Tipi, Baumhaus, Kuppelbau, Hogan etc.), sowie für architektonisch gelungene Lauben für den Garten oder die freie Natur.
2002, 190 S. m. vielen z.T. farb. Abb., gebunden 22,50 €

Jon Warnes
Mit Weiden bauen
Anleitungen für Zäune. Laubengänge, Wigwams, Sitzplätze und grüne Kuppeln. Pflanzen und Arbeiten mit lebendem Material, aus dem sich viele schöne, nützliche Dinge herstellen lassen. 2001, 60 S. m.v.farb. Abb., geb. 12,95 €

Annelore und Susanne Bruns
Biogarten Handbuch
Anleitung zum naturgemäßen Gärtnern in Bildern. Hier wird das notwendige Wissen vermittelt, um erfolgreich den Boden zu bestellen und reichhaltig gesundes Obst und Gemüse zu ernten. 141 S. m.vielen Abb., 17x24 cm, 2004 13,90 €

Alexander Heil
Der Paradiesgarten
Essbare Stauden von A bis Z für den kombinierten Zier- und Nutzgarten. In Text und Bild werden Anbau, Ernte und Verarbeitung von über 140 essbaren Stauden beschrieben. 2003, 141 S. m.v. farb. Abb., 17 x 24 cm 14,95 €

Alan und Gill Bridgewater

Bauen mit Frischholz

Frisches grünes Holz ist ein ausgezeichnetes Material, um mit einfachen Werkzeugen und in kurzer Zeit schöne, nützliche Dinge für den Garten herzustellen: Behälter, Spaliere, Bänke, Zäune, Obeliske, Sichtschutzelemente, u.v.m. 1. Aufl. 2002, 80 S. m.v. farb. Abb., A4 geb. 18,90 €

Daniel Mack

Möbel aus Wildholz

Wieviel Äste braucht ein Stuhl? Der Autor stellt moderne Wildholzmöbel vor und beschreibt genau, worauf es bei der Auswahl des Holzes ankommt, wie Wildholz bearbeitet u. zu Möbeln zusammengefügt wird. 168 S. m.v.Abb., 1999 25,50 €

Claudia Lorenz-Ladener

Naturkeller

Grundlagen und praktische Anlagen für Planung und Bau von naturgekühlten Lagerräumen im Haus oder Freiland. 140 S. m.v.Abb., 1990/2003 15,30 €

Claudia Lorenz-Ladener, Hrsg.

Holzbacköfen im Garten

Detaillierte Bauanleitungen vom einfachen Lehmofen bis zum gemauerten Brotbackhäuschen. Mit vielen Erfahrungen und Ratschlägen sowie pfiffigen Tipps und Rezepten. 138 S. m.v.Abb., 5. Aufl. 2003 15,30 €

Karl-Heinz Böse

Regenwasser für Garten und Haus

Ein kompetenter Ratgeber für Planung und Bau von Regenwassersammelanlagen nach dem Stand der Technik: Bemessung, Genehmigung, Speichertanks, Pumpen, Rohrleitungen und Zubehör. 109 S. m. v. Abb., A5, 3. Aufl. 2003 10,20 €

Hans-P. Ebert

Heizen mit Holz

Umfassender Ratgeber über Holzeinkauf, Zurichten des Waldholzes, Lagerung und Trocknung, Anforderungen an Feuerstelle und Schornstein, verschiedene Ofentypen u. ihre Einsatzbereiche. 132 S. m.v.Abb., 9. überarb. Aufl. 2004 10,80 €

Thomas Holz

Holzpellet-Heizungen

Ein Ratgeber. Technik, Bauformen, Einsatzbereiche und Planung von Holzpelletheizungen, Genehmigung, Förderung. 1. Aufl. 2003, 94 S. m.v. Abb. 9,95 €

Uwe Hallenga

Wind: Strom für Haus und Hof

Bauanleitung mit Zeichnungssatz für eine leicht nachzubauende Windkraftanlage (Leistung ca. 200 - 500 W). 76 S. m.v.Abb., 8. Aufl. 2001 7,60 €

Preisstand: 1.4. 2004 Unsere Bücher erhalten Sie in allen Buchhandlungen!

In unserer *Versandbuchhandlung* haben wir über 300 Titel auf Lager, die Sie direkt bei uns bestellen können, und zwar zu folgenden Themen: Solararchitektur - Bauen & Selbstbau - Nutzung von Sonnen-, Wind- und Wasserkraft - Bioenergie - Energiekonzepte - Land- und Gartenbau - Tierhaltung - gesunde Küche - und vieles mehr ....

ökobuch Verlag GmbH

Fordern Sie einfach die große Buchliste an: Postfach 1126 79216 Staufen

✆ 07633-50613 · ✉ 50870 · email: oekobuch@t-online.de · http://www. oekobuch.de